시대를 앞서간 민족혁명의 선각자
신규식

시대를 앞서간
민족혁명의 선각자
신규식

| 강영심 지음 |

글을 시작하며

　독립기념관 제6전시관 내 임시정부실에는 대한민국임시정부 요인 20여 명의 밀랍상이 전시되어 있다. 그 중 카이젤 수염을 한 이가 바로 신규식이다. 독립운동가 중 많은 사람들이 우리의 기억에 남아 존경받고 있지만 신규식의 경우 그리 친숙한 이름은 아니다. 거기에는 여러 이유가 있겠지만 아마도 그가 대한민국임시정부에서 활동한 기간이 2~3년에 불과했다는 점이 주된 이유가 될 것이다.

　현재 대한민국의 법통이 바로 대한민국임시정부에 있음을 생각할 때 임시정부의 역사적 의의와 가치는 아무리 강조해도 지나치지 않다. 그런데 일제 강점기 독립운동의 구심점 역할을 담당했던 임시정부가 상하이지역에서 수립될 수 있도록 기반을 다진 사람이 바로 신규식이다.

　신규식은 1911년경 한국인은 거의 없고 한국독립운동가들도 주목하지 않던 중국 상하이로 망명해 그곳에 한국독립운동기지를 구축하여 민족혁명의 앞길을 연 선각자였다. 그는 독립운동을 위해 독립운동가를 불러모으고 조국의 젊은이들을 불러들여 중국이나 미국의 학교에 보내고 혹은 직접 세운 학교에서 독립운동의 인재를 양성해 가면서 상하이를 한국독립운동의 전략적 기지로 구축하여 마침내 임시정부가 수립될 수 있도록 디딤돌을 놓았던 독립운동지도자였다.

　신규식은 1880년 보수적 유림(儒林)에서 태어나 어려서부터 남달리 우국충절의 기색을 보였다. 그는 서울로 올라와 근대화에 대한 열정을 품은 청년으로 성장하면서 1898년 독립협회운동 그리고 국권회복운동에 몸담은 이후 1922년 43세 장년의 나이로 이역만리 타국 땅에서 순국할 때까지 20여 년 동안 민족자립과 민족독립을 염원하는 일념으로 민족운동에 일생을 바쳤다.

　대한제국시기 근대국가수립은 좌절되고 나라마저 빼앗기자 신규식은 조국광복의 꿈을 안고 중국으로 망명하였다. 독립운동 전선에서 신규식은 "우리들의 마음은 곧 대한의 혼이다. 사람들의 마음이 죽지 않았다면 혼은 아직 돌아 올 날이 있을 것이다. 힘쓸지어다. 우리 동포여!"라고 부르짖었다. 그의 절규는 다 함께 대한의 혼을 보배로 여겨 이를 기반으로 빼앗긴 나라를 찾아야 한다는 소명의식의 발현이었다. 또한 "민족자결만이 우리의 구명부다"라는 신념으로 한국독립은 진정한 민족자결에 기초해야 하며 이를 얻기 위해서 먼저 민족독립을 실현하는 길만이 우리 민족이 살길임을 천명하였던 것이다.

상하이로 망명한 신규식은 한국독립운동가로서는 최초로 중국혁명가와 유대를 맺고 중국혁명에도 직접 가담함으로써 한국혁명, 즉 한국독립의 실현을 위한 첫 발을 디뎠다. 그 결과 중국 혁명지사들과 친밀한 관계를 맺어 그들을 독립운동의 지지세력으로 만들고 이를 배경으로 상하이에 독립운동기지를 구축하면서 상하이임시정부가 수립되기 이전까지 이 지역의 중심적인 지도자로 활약하였던 것이다. 그러나 그는 온 국민의 지지 위에 수립된 임시정부가 단결된 통합체로 거듭나지 못함을 안타까워하며 1922년 9월 영면하였다.
　이후 70여 년이 지난 1993년에 비로소 사랑하는 조국의 땅에 묻히니 비록 혼이나마 마침내 오랜 나그네살이를 끝낼 수 있었다. 이 책에서는 신규식의 나라사랑, 민족사랑은 어떠한 청년기를 거쳐 이루어졌고, 어떠한 공부와 생각이 모여 인간 신규식이 되었으며, 또 그는 어떠한 모습으로 드러나는가를 밝히고자 한다. 신규식의 삶 모두를 다 풀어낼 수는 없겠지만 그가 남긴 자료들 속에서 그의 행적과 말을 찾아 모아 민족운동가의 면모 뿐 아니라 그의 인간적인 모습도 생애 속에서 새롭게 조명해 보고자 한다.

일제 강점기란 엄혹한 시대에도 결코 굴하지 않고 민족과 나라를 위해 빛을 찾아나가는 신규식의 생애, 사상, 활동을 밝히고 그의 나라사랑, 민족사랑, 인류사랑의 정신을 이해하는 데 일조하기를 바란다.

2010년 9월
강영심

차례

글을 시작하며 _4

1 근대화 열정으로 국권회복운동에 나서다
어린 시절 _10
신학문을 수학하며 계몽운동을 꿈꾸다 _20
국권회복운동의 대열에서 _35

2 상하이지역 한국독립운동의 주춧돌이 되다
망국의 통한을 삼키며 희망을 품다 _55
중국혁명의 근거지인 상하이에서 _67
상하이에 한국독립운동의 터를 닦으며 _78
제1차 세계대전 시기 한국독립운동세력을 하나로 _88

3 대한민국임시정부 통합의 울타리가 되다
국무총리로서 외교적 성과를 거두다 _108
대동단결을 기원하며 순국하다 _139

4 신규식 민족운동을 논하다

시로 세상과 소통하다 _147
신규식의 역사읽기와 민족운동론 _163
예관을 기억하며 _177
신규식의 삶과 독립운동을 마무리하며 _181

신규식의 삶과 자취 _187
참고문헌 _191
찾아보기 _194

1
근대화 열정으로 국권회복운동에 나서다

어린 시절

신규식申圭植은 1880년(고종 17) 2월 22일(음력 1월 13일) 충청북도 문의군 동면 계산리, 현재의 행정구역으로는 청원군 가덕면 인차리에서 태어났다. 아버지 신용우申龍雨와 어머니 전주 최씨 사이에 둘째 아들로 태어난 그는 호가 예관睨觀이며, 자는 공집公執이다. 독립운동에 헌신하면서 그는 중국이름인 신성申檉을 비롯하여 여서餘胥·일민一民·청구靑丘·한인恨人·산로 등의 이름도 썼다.

본관은 고령高靈으로, 그의 선조 중에는 조선 세조 때 활동한 보한재保閑齋 신숙주를 꼽을 수 있다. 15대 선조 간㦿은 무과에 급제한 무신으로, 임진왜란과 병자호란 당시 참전하여 전공을 세워 일등공신의 반열에 오르기도 하였다. 그는 충청도에서 태어났지만 원래 그의 선조들은 조선왕조의 중앙무대인 서울에서 중요한 관직을 차지하며 활동하였다. 그의 가문이 충청북도 청원군에 정착하게 된 것은 16세기 초 8대조인 신숙주의 다섯째 아들 소안공昭安公 준浚의 증손인 석회碩淮가 낙향한 후였다. 신

| 상당산성의 동편 정경

    준은 중종반정 공신으로 자는 언시彦施인데, 사후 소안이란 시호를 받아 소안공이라 칭하였다. 그는 성종 때 문과에 급제하여 벼슬이 충청감사·평안감사·좌찬성에 이르렀다. 그렇지만 그의 후손들은 중앙의 정치적 사화를 피해 낙향하게 되었다.

    하지만 이 지역에 내려와 처음으로 가문의 터전을 잡은 이는 신숙주의 일곱째 아들인 동泂의 아들 신광윤이다. 광윤은 1504년(연산군 10) 연산군의 생모 윤씨의 복위문제로 야기되어 훈구와 사림이 피해를 입었던 갑자사화甲子士禍를 피해 청원군 일대로 피신하여 새로운 삶터를 꾸렸다. 석회도 뒤이어 집안의 연고가 있던 이곳 청원군으로 내려오고, 신숙주의 여섯째 아들의 후손들도 이곳에 정착하면서 자연스럽게 고령 신씨의 문중촌이 형성되었던 것이다.

　문중촌은 청주에서 동쪽 외곽에 위치한 상당산성上黨山城의 동편에 자리하고 있다. 이 산성은 상당산 계곡을 둘러 돌로 쌓아 만든 것으로, 『삼국사기』에서 통일신라 초기에 김유신의 셋째 아들이 서원술성을 쌓았다는 기록으로 미루어 볼 때, 그 무렵 축성되었을 것으로 전하고 있다. '상당'이란 명칭은 백제 때 청주목을 상당현이라 부르던 것에서 연유한 것으로 보인다. 지금의 성은 임진왜란 때 일부 고친 후 1716년(숙종 42)에 돌성으로 다시 쌓은 것이다. 산성의 정상에 오르면 서쪽으로 청주·청원 시내가 한 눈에 내려다 보여 서쪽 방어를 위해 쌓은 곳이었음을 짐작할 수 있다. 바로 그 산성 동쪽에 고령 신씨들이 최근까지 문중촌을 이루었으며, 그래서 이들을 일명 산동山東 신씨라고도 칭한다. 이들 청주 산동 신씨는 고령 신씨의 여러 지파 중 최대문중을 이루어 18세기 영조시대 이중환이 저술한 『택리지』 충청도조에 실린 '상당산성 동쪽에 신씨촌이 있다'고 할 정도로 번성했다.

　이곳은 현재의 행정구역으로는 충북 청원군 낭성면과 가덕면 일대이지만, 과거 조선 말기의 행정구역으로는 청주목 산내 이상면과 문의현 동면에 해당되는 곳이다. 행정구역상으론 2개 면으로 나누어졌지만 실제 거리는 2km 정도의 거리로, 동일생활권역에 포함시킬 수 있는 곳이었다. 게다가 이 지역은 서울에서 청주를 지나 이화령·추풍령을 넘어 영남으로 가는 교통로 중 하나이면서, 인접해 있는 보은을 경유해 무주·진안으로 이어져 호남권에 닿는 교통의 요지라는 지리적인 이점이 있어 문화전달 및 외부로부터 정보 수용 역시 유리한 위치였다.

산동 신씨의 문중촌은 공교롭게도 조선조 노론의 본산인 화양동서원의 입구였다. 이렇게 노론세력과 지리적으로 인접해 있었지만, 산동 신씨 문중은 남인의 정치적 성향을 지녀 노론계 유생들과는 서로 반목해 왔다. 그러나 신씨 문중은 순조 이후 문과급제자가 현저히 감소하면서 다른 남인계 문중과 마찬가지로 문중의 위기를 맞게 되었고, 고종 즉위 이전까지 가문의 형세가 많이 쇠락하였다. 신규식의 직계선조들 중 16대조 이후에는 관직에 오른 이가 거의 없었다. 다행히 고종 즉위 이후 관직진출자가 늘어나면서, 서울과 연계를 통해 산동 문중도 중앙에서 전해온 새로운 서구문화 및 개화에 눈뜨게 되면서 문중도약의 전기를 맞게 되었다.

이러한 분위기 속에서 신규식의 아버지 신용우와 형 신정식申廷植은 비슷한 시기에 중앙정계로 진출한 것으로 보인다. 아버지는 1887년 의금부 도사에 임명되어 중앙에 진출한 뒤 중추원 의관을 지냈다. 그는 경제적으로도 윤택하여 적지 않은 양의 토지를 소유한 지주였으나 춘궁기가 되면 토광을 열어 인근 빈민에게 볏단을 나누어 주는 인심 좋은 양반이었다고 전해진다. 형 정식은 1885년 사마시司馬試에 급제한 후 아버지의 뒤를 이어 1893년 검서관을 지낸 뒤 탁지부 재무관, 회계국장을 거쳐 참서관, 궁내부시종, 덕천 군수를 지낸 바 있다. 신규식의 동생들 중 셋째 건식建植은 그와 더불어 상하이에서 독립운동에 일생을 바쳤으며, 넷째 동식東植도 향리에서 임시정부 조사원으로 활동하는 등 구국일념으로 젊은 열정을 태웠다. 또한 신정식의 아들 형호는 신규식을 따라 중국

| 신형호의 고가(충청북도 유형문화재 제148호)

으로 유학하여 학생군단의 일원으로 활약한 바 있다. 신규식과 그의 형제들이 독립운동에 헌신하게 된 것은 아마도 충절을 내력으로 삼은 이 같은 가문의 역사적인 내력이 원인原因이 되었을 것이다. 이렇게 일제시기 독립운동에 일생을 바쳐 활동한 나라사랑의 몸바침은 신규식 집안 이외에도 산동 신씨 문중 중에서 다수가 있다. 이를테면 일제하 무장투쟁과 무정부주의적 사회주의를 취하면서 이론과 실천을 병행했던 독립운동가 신채호申采浩와 1920년대 사상단체와 노동자·농민단체에서 활동하면서 국내에 사회주의사상을 소개했던 신백우申伯雨 등이 대표적이다.

현재 신규식의 고향인 인차리에는 신규식의 형인 신정식의 아들 신형호의 생가가 보존되어 있다. 이곳이 신규식이 생활했던 곳인지는 확인할 수 없지만, 그의 집안의 옛 모습과 당시 일상의 흔적을 따라가 볼 수는 있다. 고가는 1881년(고종 18)에 지은 한옥이다. 본래는 안채·사랑채·곳간채·뜰아래채·마부채 등이 있었으나 한말에 이 집에 살던 신정식이 의병에게 숙식을 제공하였다는 이유로 일본군이 방화하여 현재 청원군 가덕면 인차리 147-1번지에 안채만 남아 있다.

신규식은 어려서부터 영특하고 총명해 이미 3세 때 글자를 깨우쳤다. 일찍부터 집안에서 경영하는 글방인 가숙家塾에 들어가 한문을 익히고 사서오경을 통달하였으며, 글재주가 뛰어나 어린나이에도 글을 짓고 시를 썼는데 어른들도 그에 미치지 못할 정도로 뛰어난 재능을 발휘하니 온 동리는 물론 그 일대에서 신동으로 이름을 날렸다. 신규식의 남다른 재능은 이즈음 산동 신씨 문중의 또래들인 신채호·신백우 등과 더불어 '산동삼재山東三才'로 서울에까지 널리 알려질 정도였다.

그의 문학적 재능은 뒷날 그가 지은 많은 한시에서도 찾아볼 수 있다. 신규식은 자신의 마음이나 생각을 표현할 때, 혹은 친지에게 전하는 안부 편지나 축하해야 할 일이 있으면 한시를 지어 대신하는 경우가 많았다. 그는 자신의 생각과 말을 시에 담아 보냈다. 그러므로 신규식이 무슨 생각을 했으며 당시의 상황을 어떻게 이해했는지, 그리고 누구와 친분을 맺었고 누구에게 어떤 말을 전하려 했는지를 그가 남긴 시를 통해 읽을 수 있다. 훗날 신규식이 남긴 시집 『아목누兒目淚』에는 그의 모습이 담겨져 있다.

느낀바 있어 - 백부님께 드리노라

이 몸을 낳아 기른 부모님슬하를
말없이 떠나와 조석인사 못드려요
헌하를 위함도 빈이름뿐이오니
먼 훗날 어찌 불효자라 아니하리까?

조카를 학생군단에 보내며

어이하랴, 우리 두 숙질
다같이 군인되길 원하니
백성 위해 뿌리는 붉은 피
내나라 공화국 세우려함이라

앞의 시는 그가 1911년 중국으로 망명하기 직전 큰아버지에게 드린 것으로 집안어른에 대한 효성을 담은 것이라면, 뒤의 시는 신규식의 조카인 형호를 독립군으로 성장시켜 독립투쟁 전선의 동지로 함께 하길 바라는 마음을 시에 담아내고 있음을 엿볼 수 있다.

신규식이 어린 시절 향리에서 받았던 교육이 어떠했는가는 망명 시절 중국에서 그와 함께 생활하였던 민필호閔弼鎬가 쓴 『전기傳記』를 통해 살필 수 있다.

"선친 용우공께서 서거하신 후 그 망극한 소식을 병중에서 전해 들으셨건만 선생께서는 친히 제문을 지으시고 분향치제焚香致祭하시며 재계소식齋戒素食하시기를 석 달 아침저녁으로 유遺상 앞에 묵도를 올리셨다고 하였다."

 이런 모습은 차남이었음에도 불구하고 부모를 향한 지극한 효심을 나타내주는 것으로, 철저한 유가적 전통교육을 받고 성장한 그의 사상이 아무리 다른 하늘 아래에 있더라도 자신의 정체성을 규정하고 있음을 보여주고 있다. 이러한 전통 유가적 생활예법의 흔적은 그의 일상에서 자주 보인다. 예컨대 여름철에 아무리 불같이 더워도 종래 웃옷을 벗어 제치는 일이 없었고, 실내에서는 항상 장삼을 입었는데 더위로 땀이 흘러 등이 흠뻑 젖어도 아무렇지도 않게 여겼다고 한다.

 전통적 유가교육으로 인성과 지식을 다져가며 청소년기에 접어들어 그의 나이 16세 되던 해에 동학농민전쟁이 발발하였다. 신규식은 조선왕조의 정치가 문란해지고 일제가 조선 침략을 노골화하던 당시의 시대상황을 꿰뚫어 보고서 일본을 배척하며 간악함을 배격하는 격문을 지어 민족의식을 일깨움으로써 그 이름을 드높이기도 하였다. 그러나 승전보를 이어가던 동학농민군은 청일전쟁에 승리한 여세를 몰아 조선 내정에 개입한 일본에 의해 해산당하고 말았다. 농민군 진압을 마무리한 일본은 이듬해인 1895년, 조선 침략의 걸림돌이라 판단한 명성황후의 시해 계획을 극비리에 진행시켰다. 마침내 그 해 8월, 일본 시종잡배 낭인들이 경복궁에 난입하여 명성황후의 처소인 건천궁에 찾아 들었다. 그리고 왕비로 생각되는 여성들을 닥치는 대로 죽였다. 눈가 주위에 있는 희미한 수두자국으로 인해 명성황후로 확인된 시체는 일본 낭인들에 의하여 차마 글로 표현할 수 없는 가혹 행위를 당한 뒤 아소정 주변에 던져져 석유를 뿌린 후 불태워졌다. 이 사건이 바로 일국의 왕비인 명성황후를 시해한 을미사변이다. 이를 기화로 유길준·서광범 등을 중심으로 친일 내각이 수립되었으며, 이들에 의해 을미개혁이 단행되었다. 이때 음력 폐지 및 양력 사용, 단발령, 종두법의 시행, 건양이란 조선의 연호사용 등의 개혁이 실시되었다. 일련의 개혁 중 국민들이 가장 크게 저항했던 조항은 다름 아닌 단발령이었다. 당시 국민들의 정서를 무시한 갑작스러운 단발령 공포는 전국에 저항의 물결을 일으키는 기폭제가 되었다. 일본은 '위생적이고 집무상 편한 단발을 성상폐하께옵서 솔선수범했으니, 국민은 이에 따라야 한다'는 취지로 단발령을 공포했다. 당시 조선 정부는 강제로 단발을 실행하여 경무사警務使는 경찰들을 거느리고 긴 칼을 휘두르며 만나는 사람마다 잡아다가 상투를 잘랐으며, 심지어 집에까지 쫓아와 벽장 속에 숨은 이들마저 잡아내 만인 앞에서 상투를 자르기도 하였다. 무리한 개혁을 감행하자 벼슬을 버리고 낙향하는 관리, 학교에서 퇴학당해도 상투를 지켰던 학생, 단발에 저항해 자결하는 이 등 백성들의 격렬한 항거가 이어졌으며 개별적인 투쟁을 넘어서 집단적으로 항거하는 을미의병으로 이어졌다.

    항일 의병운동인 을미의병이 민족의 의기를 선양하고 이후 한말 민족운동의 중요한 한 흐름이 되었던 시대적인 배경에 자극받은 신규식 역시 가숙의 학우들을 이끌고 스스로 소년대인 동년군을 조직한 뒤 밤낮으로 조련하면서 의병투쟁에 동조하려는 의지를 확고히 하였다. 그의 나이는 비록 어렸지만, 그는 풍전등화와 같은 나라의 운명을 염려하여 어떻게 하는 것이 위기에 신속히 조직적으로 대처하는 길인가를 판단할 수 있는 지혜와 실천력을 겸비하였다. 물론 그의 소년대 조직은 척

사론적인 성격이 지배적인 을미의병과 궤를 같이하는 것으로 짐작된다. 이 활동의 의도는 아마도 그의 문중이 갖는 보수적 성향에서 영향 받은 구국충정의 발로라고 생각된다. 이렇듯 신규식은 일찍부터 국가에 대한 충성과 의분의 기개를 지니고 있었으며, 자주적인 국가를 유지하기 위해서는 무엇보다도 군사력이 중요하다는 것을 정확히 간파하고 있었다. 그가 후일 서울로 올라와 양반가문의 후예임에도 불구하고 육군무관학교에 진학하여 무관의 길로 들어섰던 점에서도 이러한 면모를 엿볼 수 있다.

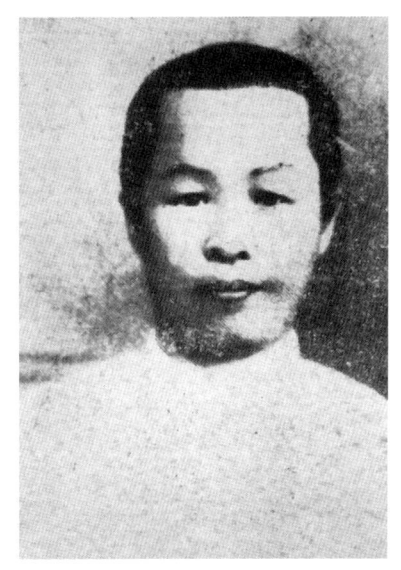
| 부인 조정완 여사 유상

1896년 신규식이 17세가 되던 해 아버지는 아들을 결혼시키고자 마음먹고 그에 걸맞은 배필을 수소문하여 경기도의 명문 한양 조씨 집안의 인물 중 군수를 지낸 바 있는 조종만趙鍾萬의 딸을 맞아들이기로 하였다. 그해 봄, 신규식은 조씨 문중의 규수인 정완貞琬을 맞아 결혼하였다. 새사람을 만나 한 가정을 이루었음에도 신규식은 관직에 나아가기 위해, 또 학문의 폭을 넓히기 위해 당시의 풍습대로 고향을 떠나 서울행을 택해야만 하였다. 앞서 상경한 부친과 형 정식은 관직에 몸담고 있었으며, 신씨 문중의 청년 중 먼저 상경한 신흥우申興雨는 3년 전인 1894년 배재학당에 입학하여 신학문의 세계에 입문해 있었다. 신흥우의 부친이

아들을 서울로 유학 보낸 것이다.

"자신은 머리가 하얗게 되도록 경전을 읽어도 뜻을 이룬 바가 없고, 관직에 자리 잡은 신진인사들이 모두 외국의 문자로 출세하는 방도를 삼고 있는 것이 지금의 세태임을 명심하라."

그는 당시의 정세를 살펴보고 아들의 미래를 위해서는 전통 학문만을 고집할 것이 아니라 서양의 신학문의 필요성을 절감하고 아들 흥우를 신식학문의 배움터인 배재학당에 입학시켰던 것이다. 이러한 모습은 비단 신흥우의 경우에서만 볼 수 있는 것이 아니었다. 같은 문중에서 신동이라 일컬어졌던 신규식 역시 주변의 적극적인 권유와 본인 스스로의 판단에 따라 상경을 신중하게 고려했을 것이다. 신규식은 향리에서 전통적인 한학교육만을 받았으나 앞서 중앙정계에 진출해 있던 부친이나 형을 비롯한 상경 문중인사들로부터 신학문이나 '개화'의 필요에 대한 논의와 수학에 대한 조언을 받았을 것이며, 본인 자신도 그에 공감하여 서둘러 상경을 결심한 것으로 추측된다. 새로운 시대를 열어가기 위해서는 개화가 필요하다는 절실한 생각은 같은 시기 서울로 올라와서 벼슬하고 있던 신규식의 부친이나 형도 마찬가지였다고 생각된다.

신학문을 수학하며 계몽운동을 꿈꾸다

신규식이 상경한 1897년경은 청일전쟁 이후 조선에 대한 주도권을 두고 일본과 러시아가 서로 세력을 다투던 시기였다. 1894년 청일전쟁에서 승리한 일본이 청국을 몰아내고 조선에 대한 우월권을 확보한 뒤, 중국으로부터 요동반도를 할양받는 등 대륙 침략의 발판을 마련하였다. 한편 1860년대 이후 남하정책을 추진해 오던 러시아는 동아시아에서 일본의 독주를 견제하고자 1895년 프랑스·독일과 함께 삼국간섭으로 일본에게 요동반도를 반환케 하였다. 러시아의 영향력에 자극 받은 조선 왕실은 친러적 방안을 모색하였고 이를 틈타 러시아 공사 K. 베베르는 미국 공사와 함께 친러정책을 권유했다. 이에 새로 부임한 일본 공사 미우라 고로가 명성황후를 살해하여 일본의 세력을 만회하고자 하였으며 단발령의 실시를 비롯한 급진적인 개혁을 재개토록 종용한 것이다. 그 결과 명성황후 시해 및 단발령에 항거하여 전국 각지에서 유생들이 반발했던 을미의병이 일어났고, 1896년 2월에는 명성황후를 잃은 고종이 신변의 위협을 느껴 덕수궁을 버리고 정동에 있던 러시아공사관으로 피신한 아관파천이 발생하였다. 고종이 러시아 공사관으로 옮긴 이후 그동안 세력을 장악했던 일본 및 그 세력에 기초한 개화파 김홍집정권은 몰락하였다. 고종을 등에 업은 러시아 세력을 비롯한 서구 열강들은 철도부설권·광산채굴권·포경권·삼림벌채권 등 각종 이권을 양여란 방식으로 침탈하면서 삼천리강산의 여기저기를 훼손하기 시작하였다. 이러한 열강의 침탈에 맞서 서재필은 『독립신문』을 창간해 외세에 저항하는 민족세력의 구심점이 되고자 하였다. 나라의 자주권을 염려한 지사들은 1896년 7월에 결성된 독립협회를 중심으로 양반관료와 서울 시민들을 대상으로 자주·민주·독립의 의지를 강고히 하려는 계몽운동을 폈다. 이렇게 시작된 독립협회의 개화운동은 자주적 개화운동에 앞장선 세력들의 주도로 한 단계 더 나아가 서울 시민·학생

등 다양한 계층을 대상으로 한 자주민권운동으로 발전하였다.

격변의 시기에 소용돌이의 중심부인 서울에 올라온 신규식이 가장 먼저 해야 할 일은 역시 공부할 학교를 물색하는 일이었다. 그가 처음 선택한 학교는 견지동에 새로 문을 연 관립한어학교官立漢語學校였다. 이때가 대략 1897년 후반기로 추정되는데, 당시 함께 입학한 학생들은 대략 35명이었다. 일설에는 그가 한어학교에 입학하기 전에 한양공업전습소에 입학했다가 모종의 시위사건에 연관되어 퇴학처분을 받았다고 전하고 있으나 구체적인 정황은 알 수 없다. 다만 신규식은 이후에도 줄곧 식산흥업의 일환으로 공업부문에 지대한 관심을 쏟았으며, 선조의 훌륭한 이기利器 보존에도 열의를 다한 점으로 미루어 그 가능성을 전혀 배제할 수는 없다. 그러나 그가 양반가문 출신으로 산동 신씨 문중 역시 출세지향적인 면이 있었으며, 게다가 문중의 신동이었던 신규식이 한양공업전습소에서 학업을 시작했다고 보기에는 납득하기 어려운 점이 있다.

조선 정부는 개항 이후 서양 각국 및 그 문물과 급격히 접촉하면서 무엇보다도 교육의 중요성을 인식하고 있었을 뿐만 아니라 당시 언론기관에서도 교육의 중요성을 강조하고 있었다. 이에 따라 근대적인 학교교육이 이루어지게 되어 각급의 학교관제를 제정 공포하였다. 그리고 이와 같은 관심과 정책의 결과로 1895년 4월에 한성사범학교를 세웠는데, 이것이 우리나라 최초의 근대식 학교였다.

또한 개항 이후 각국과 교류가 빈번해지고 수교를 맺게 됨에 따라 외국어를 능통하게 구사할 인재가 필요하게 되었다. 이러한 정부차원의 필요성으로 외국어 교육의 문을 열게 되어 1895년 5월 칙령 제88호 외국어학교관제(전문 11조)를 반포하였다. 또한 외국어의 종류는 시의에 따라 학부대신이 정하도록 규정하였다. 이 관제에 따라 서울·인천·평양의 일어학교를 비롯해 영어학교·프랑스어학교·러시아어학교·한어학교·독일어학교 등 6개 국어 8개 학교를 설립하였다. 신규식이 입학한 한어학교 역시 외국어학교 관제에 근거해 개교한 관립학교였다. 한어학교와 일어학교는 역관 출신의 조선인이 가르쳤으며, 기타 외국어학교는 각각의 원주민 회화교사를 초빙하여 교육하였다. 그 중 장래성이 유망한 곳은 영어와 프랑스어학교였다. 반면에 한어학교는 청일전쟁에서 청나라가 패배한 뒤에 설립되었으므로 처음부터 지원자가 적어 운영에 어려움이 있었고, 아직 기존의 한어 역관 출신들도 많았던 까닭에 다른 외국어학교에 비해 출세하는 데 불리하리란 것이 당시 일반적인 생각이었다. 그런데도 신규식이 한어학교를 택한 이유는 그가 상경했을 때 개교한 것이 한어학교였기 때문이라고 한다. 하지만 그의 부친과 한어학교 관련자인 민영익閔泳翼이 두터운 친분관계를 맺고 있었고, 그 역시 수구적 경향의 민족의식이 강할 뿐만 아니라 한문에도 능하다는 자신의 개인적 이유가 작용하였다고 볼 수 있다.

| 신규식이 소장했던 태극기

당시 관립외국어학교는 단지 역관양성을 위한 기관, 즉 1895년 갑오개혁 당시 신분제 폐지와 정치제도 개혁으로 폐지된 사역원司譯院의 연장

으로 보는 경향도 많았다. 하지만 신분적인 차별이 남아 있던 관습적인 분위기에도 불구하고 신규식이 관립한어학교로 진학한 것은 그가 전통적인 신분관념에서 점차 벗어나고 있음을 보여주는 예이기도 하다. 신규식의 이러한 선택은 비슷한 시기에 상경하여 수학했던 문중의 신흥우가 서양식교육의 전당인 배재학당을 선택하였던 것과 신채호가 성균관에 입학하여 수당 이남규李南珪 문하에 들어가 전통적인 교육과정을 취한 것과는 달랐다. 짐작컨대 개화에 대한 서로 다른 입장 차이에서 비롯된 것으로 판단된다.

그가 공부했던 관립한어학교는 갑신정변의 우정국 자리에 세운 목조 단층 한옥에서 개교하였다. 원래 1884년 건립된 우정국이 갑신정변 이후 사역원으로 사용되었다가 갑오년 정변 이후 한어학교로 사용되었다.

수업연한은 3년이었다. 당시 한어학교에서 학생들을 가르쳤던 교관 중에는 중국인 후원웨이胡文韋가 있었다. 그는 중국의복에 변발차림으로 강의했다. 한국인 교관으로는 유광열柳光烈·오규신吳圭信 등이 있었다. 이들은 신규식이 한어학교에서 공부할 때의 동문으로, 한 울타리에서 함께 공부하며 나눈 학창시절의 인연은 이후 동창관계를 넘어 훗날 그가 중동학교에서 구국교육활동에 이바지하게 되는 계기가 되었다. 신규식의 한어학교수학은 그의 조카 신형호가 한어학교에 입학하는 데 영향을 주었다. 신형호는 한어학교에서 1907년 우등으로 졸업한 우수한 학생이었으며, 이후 숙부의 권유에 따라 미국으로 유학을 떠났다. 그는 오하이오대학을 졸업하고 상해임시정부 외교기관인 미국 워싱턴 구미위원회歐美委員部 위원으로 활동하면서 독립운동의 일원이 되었다.

한어학교의 선발규정은 나이는 16세 이상 25세 이하로 한정하였으며 입학시험은 국문의 독서와 작문, 한문의 독서와 작문으로 규정되어 있었다. 역시 관립학교 규정에 따라 국비로 학생들에게 교과서·학용품, 점심을 지급하였고, 수업연한을 마치고 학력검정에 급제하면 졸업장과 함께 관리임용의 사령장을 수여하였다. 즉 학비 및 학업관련 비용과 식비보장은 물론 졸업과 동시에 정부의 관리가 될 수 있는 최상의 교육기관인 셈이었다.

한어학교의 교과과정에는 한문과 중국어 수업 이외에 산술·지리·역사 과목이 포함되어 있었다. 역사 과목은 본국 역사와 외국 역사를 다루었는데, 본국 역사는 당시 학부에서 편찬한 국사교과서인 『조선역사』(국한문), 『조선역대사략』(한문), 『동국역대사략』(한문), 『대한역대사략』(한문) 등과 외국 역사는 『태서신사泰西新史』·『중국약사편中國略史編』 등을 교재로 사용했다. 그가 역사전반에 대한 풍부한 지식을 갖추게 된 계기는 이러한 학업과정과 연결 지어 볼 수 있다.

관립한어학교에서 함께 공부했던 동문은 당시를 회상하며 날씨가 화창하면 가끔 도포자락을 휘날리며 체조도 하였다는 회고담을 전하고 있다. 이로 미루어 근대적인 서양학교의 교육과정을 수용하였음을 짐작케 한다. 그 외에 매년 모든 관립외국어학교 학생들이 합동으로 대운동회 행사를 열어 학생 상호간 화합을 다졌다. 예컨대 1898년 5월과 1899년 5월 동대문 안에 자리한 훈련원에서 대운동회를 개최하였는데 이때 학부대신 주도하에 각국 공영사, 영사부인 및 각 학교 외국인교관과 각계 인사를 초빙하였다는 자료가 있다. 대운동회는 지금의 각 학교대항 육상대회처럼 철구던지기·달리기·널뛰기 등의 경기로 학생들의 체력을 가늠하는 시합을 치루고 상품을 주는 방식이었다.

신규식은 관립한어학교에서 수학하였으나 정식으로 졸업하지는 못하였다. 그 이유는 한어학교의 학감이 저지르는 지나친 부정행위를 목격하고 그 척결을 목적으로 동맹휴학을 주동했기 때문이라는 설이 전해지고 있다. 물론 이런 점도 고려해 볼 수 있겠지만 그보다는 한어학교 재학 중인 1898년 후반 독립협회운동과 관련된 만민공동회에 적극 참여한 사실에 주목해 보아야 하지 않을까.

당시 독립협회 관련 자료를 살펴보면 독립협회의 자유민권운동이 만민공동회를 중심으로 본격적으로 전개되는 시기에 신규식은 일반회원으로서 이승훈·허위 등과 함께 재무부 과장 및 부장급으로 활동하였으며, 또한 1898년 12월 25일 조선 정부 및 당시 정권을 장악한 실세들의 대탄압을 받고 독립협회가 해산당할 때 구속된 400여 회원 중 중요회원으로 기록되어 있다.

독립협회의 토론회 개최에 대한 당시의 자료에서도 이와 관련 있는 사실들을 찾을 수 있다. 즉 1898년 8월 독립협회는 '조선의 급선무는 교육'이라는 주제로 제1회 토론회를 개최하였으며 이후 그 활동이 활발해지자 당시 학부學府에서는 독립협회의 여러 행사에 학생들의 참석을 금지시켰는데, 학생들은 토론회에 참석하기 위하여 스스로 학교를 그만두는 경우도 있었다는 기록이 그것이다. 그런데 신규식 역시 독립협회 활동에 적극적이었으며 이후 1900년대 국내에서는 물론 국외 망명시절에도 나라의 힘을 키우기 위한 구국교육에 뜻을 품고 이를 몸소 실천했던 그의 민족운동론에 비추어 보아도 토론회 참여를 위해 그가 한어학교를 자퇴한 것으로 이해함이 타당하다.

어쨌든 그가 독립협회운동에 적극 참여했던 그 시절은 같은 회원이었던 신흥우·신채호와 함께 활동하는 한편, 훗날 국내나 중국 등지의 독립운동전선에서 함께 헌신했던 나철을 비롯해 이승만·안창호·양전백·이승훈·이동휘·박은식 등과도 친교를 맺을 수 있는 기회이기도 했다. 특히 나철과의 인연은 특별하였다. 후일 죽음의 문턱에서 그의 생명을 구해준 은인인 나철은 대종교를 창시하고 그를 대종교로 인도하였다. 신규식은 입교한 후 대종교 교단의 중요인사로 활동하면서 죽을 때까지 대종교를 통한 나라사랑을 실천하였다. 이렇게 그에게 좋은 인연을 허락해준 독립협회였지만 만민공동회에서의 반정부적 활동으로 인해 관립한어학교를 졸업하지 못한 것으로 추측되며, 뒤이은 출사 역시 이루어질 수 없었다.

신규식은 비록 한어학교를 정식으로 졸업하지는 못했지만, 한어학교에서 배운 중국어는 상당한 수준에 이르렀다고 한다. 마치 중국인처럼 자유자재로 중국어를 구사한 까닭에 중국에서 독립운동에 매진할 당시 중국인들조차 그를 중국인으로 오인할 정도였으며, 중국의 유명한 문사단체에서도 문재를 드날릴 만큼 그는 뛰어난 중국어 실력을 갖추고 있었다.

한어학교를 그만둔 신규식이 새로이 선택한 곳은 무관을 양성하는 육군무관학교였다. 그는 20세인 1900년 9월 육군무관학교에 입학하였던 것이다. 그가 입학했던 육군무관학교는 지금의 육군사관학교에 준하는 학교로 그 설립과정은 다음과 같다.

1896년 고종은 명성황후 시해의 충격으로 러시아공사관으로 피신하였으며, 일련의 사건들로 인해 왕실의 위엄이 심각하게 손상되자 이를 회복하기 위한 다양한 시도가 이루어졌다. 즉 고종은 러시아공사관에 머무는 동안 청나라의 연호를 폐지하고 고유한 연호인 '건양'을 채택하였으며, 중국 사신을 환영하던 '영은문' 대신 '독립문'을 세웠다. 1897년 러시아공사관에서 돌아온 고종은 땅에 떨어진 국격을 회복하고자 '대한국제'란 새로운 국가체제를 선포하고 제천의식을 치른 후, 조공을 바치는 나라의 군주를 낮추어 부르는 의미였던 '왕'이라는 칭호도 제국의 '황제'로 바꾸었다. 또한 왕을 상징하는 붉은 예복에서 황제를 상징하는 노란 예복으로 갈아입었다. 국왕이 황제로 격상되면서 국호도 대한제국으로 격상되었다.

곧이어 자주독립적인 기치를 높이고자 독자적인 개혁을 시행하였다. 그 중 하나가 군사력양성책인데, 그 일환으로 설립한 것이 바로 육군무관학교였다. 물론 무관학교설립은 그 이전부터 추진되었으나 본격화된 시기는 1898년 이후였다. 조선 정부는 서양식 신식군대양성을 도입하는 일환으로 1896년 '무관학교관제'를 공포하고 학도 모집령을 통해 정식으로 학생을 모집하였다. 그러나 무관학교는 관제가 발표된 지 몇 달 만에 아관파천이 일어나 유야무야 되고 말았다. 그러자 아관파천 이후에 조직된 독립협회를 비롯한 애국단체 등의 뜻 있는 인사들이 무관학교의 설치를 통하여 사관을 훈련시키도록 강력히 요구하였다. 정부 역시 대한제국으로 새롭게 출발하면서 상비군 정비가 중요하다는 판단이었다. 이같은 범국가적 요구인 무관학교 개교는 마침내 결실을 맺게 되어 신식군대를 지휘하고 교육시킬 수 있는 유능한 초급사관을 양성하기 위한 사관학교가 관립학교로 문을 열었다. 육군무관학교의 자료에 따르면 당시 이 학교는 각 병과兵科의 무관학도를 위하여 초급사관에 필요한 학술을 교수·양성하는 것이 그 교육목적이었다.

장교는 군대의 정간柱幹이요 군인정신의 본원이며 전군의 강함에 근본이 되며, 군인정신은 황제에게 진성하는 헌신적 충절이요, 무용이요, 신의요, 의무를 지키며 질소質素를 주하며 예의를 정하며 군기에 복종하는 기본정신을 의미한다. 본교 학도는 능히 그 정신을 함양하고 예의 역행하여 유나를 계지하고 삼가 학로에 취하여 강면 학습하고 무관학도 된 자질의 수양을 완전함이 가可하다.

이와 같은 무관학교의 설립 및 개교과정이나 당시의 시대적 경향은 한어학교에 재학 중이던 신규식에게 새로운 진로를 모색하는 계기가 되었다. 1898년 대한제국이 독자적으로 국가의 상비군을 지휘할 지도자급 군인을 양성하고자 비교적 독자적으로 체계화된 자주적인 개혁과 군사증강을 시도하였다. 하지만 육군무관학교의 독자적인 교육은 1905년 일본의 을사늑약 강제체결 이전까지로 한정될 수밖에 없었다.

그런데 신규식은 바로 이 독자적인 군사교육 기간에 무관학교에서 교육받을 수 있었다. 어쨌든 정부의 개혁의도에 걸맞게 정비한 학교였던 만큼 입학선발 규정은 상당히 까다로웠고 입학시험 역시 통과하기

|『육군무관학교 학도계칙』

쉽지 않았다. 우선 입학자격을 살펴보면 군부의 장교나 정부 칙임관의 추천이 있어야 한다. 설사 추천받고 시험에 응시했더라도 높은 경쟁률로 인해 입학은 어려울 수밖에 없었다. 1898년의 입학시험 경쟁률은 200명 모집에 1,700명이 응모(8.5 : 1)하였고, 1906년의 경우 50명 모집에 700명 응모(14 : 1)라는 높은 경쟁률로 당시 인기가 매우 높은 학교였다.

한말 문장가요, 역사가로 명망이 높았던 황현黃鉉은 일제에 나라를 빼앗기자 자결로써 항거했던 애국지사였다. 그가 쓴 한말비사『매천야록』에 당시 무관학교에 관한 내용이 있었는데 육군무관학교의 무관학도로 뽑힌 200여 명이 모두 칙임관의 아들·사위·동생·조카들이라고 지적하였다. 이 같은 지적은 당시 육군무관학교가 신학문을 배울 수 있을 뿐 아니라 정부의 관리로 진출할 수 있는 지름길이란 판단에서 지배계층에 속하는 고위관직의 자제들을 비롯해 관직에 진출하려는 청년들에게는 선망의 대상이었다는 의미로 해석된다. 게다가 구국의 일념으로 무력양성을 중시하는 성향의 애국청년에게는 실력양성을 위해 선택할 수 있는 최적의 학교였다.

당시 신문과 관보에 게재된 군부광고 무관학도 소집령에 나타난 무관학도 지원자의 지원 기준과 학교 교육의 기본 내용이다.

지원자의 나이는 20세부터 30세까지로 한정하며 체격은 신장 5척 이상으로 체질은 강장强壯자여야 한다고 규정하였다. 학과시험은 한문으로 자기의 의견을 진술할 수 있을 정도의 수준으로 한정하고 있다. 수학기간은 대개 1년으로 정하며 수학중 피복과 식료는 관비로 하고, 그 외에 약간의 용돈을 준다고 규정하였다. 입학을 원하는 자는 서류를 갖추어 관할 관찰사의 보증을 받아 제출하며, 문서에는 부형이나 친척이나 일가 내에 있는 2인을 보증인으로 연서하되 2인 중 1인은 한성부 거주인이어야 한다는 것이 규정이었다.

물론 이 모집광고는 1896년 초기 무관학교 학도소집 광고이므로 신규식이 시험을 치른 시기는 아니지만 동일한 규정이 1900년의 입학시험에 적용되었다고 보아도 틀리지 않을 것이다.

신규식은 우수한 성적으로 입학시험을 치르고 1900년 9월에 육군무관학교에 입학하였다. 그가 입학해서 다닐 무렵의 무관학교는 자주적으로 운영되던 시기였으므로 민족의 자주·자강사상을 보다 심화시킬 수 있는 기회가 되었음은 물론이다. 신규식은 문관선호사상이 강했을 유가문중 출신이었으므로 이 학교에 입학하는 일은 부친이나 집안어른의 이해가 전제된 결정이라고 생각되지만, 어쨌든 유가문중으로서는 큰 변화라고 할 수 있다. 이러한 변화는 독립협회에서 교류가 있던 개화지향적인 무관인 박승환·이동휘 등에게 영향 받은 자주적인 국가방어의식의 발현으로 보인다.

신규식은 여기서 전술학·군제학·병기학 등 군사학과 외국어를 비롯한 다양한 신학문을 접할 기회를 갖게 된다. 특히 학과 내용을 살펴보면 전술학과 병기학이 각각 18%와 17%를 차지하고, 외국어학이 전체의 42%를 차지하고 있었다. 군사학뿐만 아니라 많은 시간을 외국어에 할애한 점은 비록 군사외국어란 한계는 있지만 신규식에게는 새로운 지식을 얻을 수 있는 좋은 기회였다. 이곳에서의 경험은 훗날 그에게 민족운동의 방략에서 무력양성 및 무력투쟁의 중요성을 강조하는 이론적 기초를 제공하였던 것이다. 또한 그의 역사를 보는 시각에도 영향을 끼쳤다.

무관학교의 학도생활은 '육군무관학교교칙'이나 '군대 내무서'에 정한 규정에 따라 엄격히 규제되었다. 입교하는 날부터 학도대장의 전권 아래 훈육이라는 테두리 속에서 생활하면서 군인정신을 훈육 받았다. 그는 요즘과 마찬가지로 일반 사회와 격리된 채 통제된 사회에서 생활하였다. 그러므로 정치·사회, 특히 언론활동 등에 참여할 수 없었으며 만약 참가해야 할 일이 있으면 반드시 학교 당국의 허가를 받도록 엄격히 규정하였다. 따라서 외부세계와의 접촉은 휴일이나 방학 또는 면회를 통해 가능하며 일상생활도 준칙에 따라야 하는 통제된 생활을 보냈다. 이러한 통제 아래에서도 뜻을 같이할 수 있는 동지를 사귈 수 있는 기회를 갖게 되어 민대식閔大植·신창휴申昌休·조성환曺成煥 등 동지들과 친교를 맺었으며 그들과의 결속은 임관된 이후 교육계몽운동으로 이어졌다. 또한 조성환과는 일제시기 독립운동전선에서 피를 나눈 동지로 함께 투쟁하였다.

육군무관학교의 생도는 졸업과 동시에 장교로 부임하는 것이 아니라 몇 단계의 시험을 통과해야만 비로소 장교가 될 수 있었다. 우선 무관학교의 졸업시험에 합격하고 다시 원수부元帥府시험에 합격해야 하는데 그 시험이 대단히 엄격하였다. 1903년 7월 26일에 군부에서 실시한 졸업시험에 합격한 자가 117명에 달하였지만 그 해 12월 21일에 원수부가 실시한 무관학교 제2회 졸업시험의 합격자는 이재룡李載龍 등 37명에 불과하였던 사실에서 그 엄격성을 엿볼 수 있다. 즉 전체 무관학교 졸업시험을 통과해야 하며 이후 원수부에서 주관하는 원수부시험에 합격해야만 장교에 임관될 수 있었다.

육군무관학교에서 규정된 교육과정을 마치고 졸업하게 된 신규식은 1902년 7월 6일 육군보병참위에 임관되었다. 이후 1903년 3월 22일 진위대 제4연대 제2대대에서 수습을 거친 뒤 그 해 7월 3일 졸업증서를 받았다. 그야말로 문무를 겸비하고 근대화에 대한 열정이 강렬한 인물로 변모한 신규식은 육군무관학교 졸업 후 육군 참위로 진위대와 시위대 및 모교인 육군무관학교에서 수습과정을 마치고 시위대 제3대대에 배속되었다. 이후 다시 1907년 3월 16일에 육군유년학교 학도대로 옮겼다. 이 기간에 그는 기자릉 석물과 정자각 개수의 감독을 맡기도 했다. 그 해 4월 23일에 정3품에서 종2품으로 승급되었으며 5월 4일에 육군부위로 승진되었으나 한국을 보호국화한 일본이 마침내 1907년의 군사권마저 박탈하고 강제로 한국군대를 해산할 때 그의 짧은 군생활도 끝나게 되었다. 이 기간 동안 그 역시 육군무관으로서 무력양성의 노선에만 국한하지 않고 명멸해 가는 국운을 회복하고자 다양한 구국운동의 대열에 앞장서 나갔다.

일설에 의하면 당시 무관학교 내부에 부패한 관료들의 행위에 대항하여 학교를 개혁하려는 의지가 일부 교관들과 생도들 사이에 무르익어 갔다. 그러던 중 신규식은 동기생이지만 자신보다 네 살 위인 조성환과 개혁에 대한 뜻을 같이 하고 은밀히 동지를 규합했다. 약 10명이 의기투합하여 동맹휴학을 하자고 계획하였다. 그러나 그 구체적인 거사일자나 방법을 정하지 않았다. 적당한 기회를 살피며 예의 주시하던 중 불행하게도 사전에 계획이 발각되어 주모자격인 조성환이 체포되었다. 그즈음 신규식은 신병치료차 잠시 고향에 내려와 있었던 탓에 다행히 체포를 면할 수 있었지만, 의리를 소중히 여기던 신규식이 함께 일을 도모했던 조성환의 체포로 인해 겪었을 심적 갈등이 얼마나 컸을까는 짐작하고도 남음이 있다. 나중에 학교당국에서 이 사건을 확대시키지 않는다는 방침에 따라 주모자 한 사람만 제외하고 관련자 모두 사면하였다. 거사를 이끌었던 조성환은 이 사건으로 사형선고를 받고 수감되었다가 무기로 감형되어 진도로 유배되었으며 3년 후에 사면되어 참위에 임관되었으나 사직하고 말았다. 이를 계기로 신규식은 조성환과 더욱 각별한 인연을 이어갔으며 훗날 의형제를 맺을 정도로 친분이 두터워졌다. 특히 두 사람은 국권을 빼앗긴 후 중국에 망명하여 함께 독립운동전선에 헌신하면서 동지애로 서로를 격려하고 항상 힘이 되어 주는 사이가 되었다.

육군무관학교 시절 신규식은 동맹휴학 주도 등을 통해 입지가 굳어져 동료사회에서 지도적 위치로 부상하였다. 또한 근대화를 통해 민족의 나아갈 길을 찾아야 한다는 열정으로 가득 차 있던 청년이었다. 특히 그가 신병치료차 향리에 내려갔던 시기에는 이러한 근대화 지향적 청년으로서 문중개화를 지도하는 리더의 입장에서 문동학원 설립 및 그 운영에 일익을 담당했다.

국권회복운동의 대열에서 　1905년 11월 일본은 러일전쟁에서 승리하자 한국을 식민지로 만들기 위해 이완용 등 친일관료들을 동원하여 11월 17일 한일협약, 을사늑약을 강제로 체결하고자 하였다. 일제의 강압적인 협박에도 광무황제가 굴하지 않자 광무황제의 날인을 도용하여 협약을 체결하였다. 이 협약으로 한국의 외교권은 박탈당했고, 일본이 세운 통감에 의한 통감정치가 실시되었으니 사실상 모든 주권이 송두리째 일제의 손아귀로 넘겨진 것과 다름없었다. 결국 2,000만 대한의 백성이 그들의 노예가 되는 것은 시간문제였다.

　신규식은 이 사건과 그 이후의 여파를 언급하면서 당시 상층 지배세력과 달리 피지배층의 대응을 높이 평가하고 있다.

　"을사년에 일인들이 강제로 조약을 맺을 때 그들은 거함으로 인천 항구를 막아 놓고 대포를 한성을 향하여 장치하였으나, 우리나라의 군대는 만 명도 되지 못하고, 외교로서는 드디어 알선의 여지가 없었다. 그러나 원로 군인과 경향의 지사들이 서로 호응하여 몸을 던졌으며, 을사·병오·정미·무신의 4년간에 의병이 봉기하여 앞으로 넘어지면 뒤에서 이어, 아홉 번 죽어도 후회하지 않았다. 이러한 것은 극단의 압력 밑에서도 민심이 조금도 굴하지 않음을 보여주는 것이었다. 그리고 지난날, 국채를 보상하자는 소리가 전국에 퍼지자 아동·부녀·상인·주졸까

지도 눈물을 흘리며 주머니 끈을 풀어 졸지에 큰돈을 마련하였으니, 이러한 것은 극단으로 궁핍할 때에도 국민들의 사기가 아직 근절되지 않았다는 것을 보여주는 것이다."

을사늑약 체결에 대한 분노는 장지연의 '시일야방성대곡'을 신호탄으로 경향 각지에서 폭발하기 시작하였다. 유생들의 구국 상소가 줄을 이었으며 당시 시종무관장이었던 민영환은 조약의 부당함을 천명하는 우국의 피 끓는 유서를 남기고 할복 자결하여 조약반대운동 확산에 불을 당겼다. 신규식은 향리에서 나라의 주권을 빼앗겼다는 하늘이 무너지는 소식을 전해 듣고 비분강개하면서 조약반대운동에 참여하려고 급히 서울로 왔다. 이윽고 그는 민영환이 자결했다는 소식을 들었다. 그가 쓴 통한의 역사서인 『한국혼』에서 민영환의 자결에 대한 그의 감상을 다음과 같이 서술하고 있다.

슬프다! 민충정閔忠煥의 피여! 5조목의 통감협약이 강제로 협박되어 끝내 이루어지자 서울로 달려 올라와서 궁문을 두들겨 힘껏 간하였으나, 군신 상하의 심리가 일치되지 않고, 사회의 결합이 견고하지 못하여 뜻을 이루지 못하자, 하는 수 없이 칼로 자신의 목을 찔러 목에서 가슴까지 이르니, 피육이 헝클어지고 피가 온 땅을 적시면서 죽어갔다.

또한 그는 이 시기 일련의 역사적 사건을 이렇게 서술하고 있다.

을미년(1895)에는 우리의 명성황후를 시해하였다. 갑진년(1904)과 을

사년(1905)에는 우리의 주권을 빼앗아 버렸고, 병오년(1906)과 정미년(1907)에는 우리의 군주를 협박하여 양위케 하였고, 우리의 군대를 해산시켰으며, 또 우리의 의병을 학살하고 우리의 생령을 어육으로 만들었다. …… 을사년 겨울에 번열사翻熱士 종례라는 중국인은 인천에 왔던 길에 일인들이 우리를 협박하여 조약을 맺었다는 소식을 듣고, 다시 민충정공의 유서를 읽고 나서 비분을 참을 수가 없어 중국도 장차 한국과 같은 처지가 될 것을 깊이 염려한 나머지 바다에 몸을 던져 죽고 말았다. 그리고 그는 유서 14조를 중국 정부에 전달하였는데, 그 실행의 여부는 나로서는 알 수가 없다.

중국인조차 비분강개하며 목숨을 버릴 정도였으니 신규식을 비롯한 뜻있는 우국지사들의 마음은 어떠하였겠는가. 신규식은 국가의 주권을 빼앗기는 위기에 직면하여 앞으로 국가를 위해 무엇을 해야 하나 고민하였으며 모든 구성원들의 동참을 생각하였다.

주위의 저항운동을 살피면서 자신의 신분이나 지위를 이용해 각 지방의 군대에 연락하고 동지를 규합해 의병을 일으키고자 시도하였으나 안타깝게도 뜻을 이루지 못하였다. 그리하여 우국충절로 가득한 열혈청년의 응어리진 고통을 토해낼 수가 없었다. 그는 풍전등화와 같은 나라의 운명을 자신의 손으로 도울 수 없다는 사실에 애끓는 맘을 저어할 길이 없어 사나이 한 목숨 던져 자신의 뜻을 세상에 펼치고자 자결의 방법을 선택하였다.

신규식은 음독자살을 시도하였으나 다행히 집안 식구들에게 일찍 발견되어 응급치료한 덕분에 겨우 생명을 구할 수 있었다. 그렇지만 음독한 약기운이 워낙 강했던 탓에 시신경을 상하게 되어 끝내 오른쪽 눈은 물체를 똑바로 보지 못하고 항상 흘겨보아야 하는 장애를 평생 안고 살아가게 되었다. 그는 이 일을 겪은 후 '흘겨본다'는 뜻인 예관睨觀을 자신의 호로 삼았다. 이는 기울어가는 국운 속에서 세상을 바로 볼 수 없다는 우국지사의 애절한 심정을 표현한 것이 아니겠는가.

을사늑약이 체결된 후 한국의 황실은 이 조약이 강제로 체결되었음을 외국에 알리고자 노력했으며 경우에 따라서는 비밀히 사절을 보내기도 했다. 1907년 헤이그에서 열린 만국평화회의에 파견한 세 사람의 밀사도 그 가운데 하나였다. 그러나 회의 자체가 세계평화를 위한 자리가 아니었을 뿐만 아니라 일본은 물론 동일한 식민지 문제를 갖고 있는 영국 등의 집요한 방해공작에 의해 성공을 거둘 수가 없었다. 오히려 이 일로 광무황제가 퇴위당하는 수모를 당하게 되었다.

1907년 7월 광무황제를 퇴위시키고 순종을 즉위시킨 일본은 1907년 7월 24일 한일신협약, 즉 정미7조약을 강요하여 식민지화에 박차를 가하였다. 그리하여 사법권·경찰권을 위임 받고 이어 조선의 군사력 장악을 위해 군대해산을 감행하였다.

이즈음 신규식은 1906년 1월 정3품으로 위계가 오른 뒤 그 해 4월 시위대 제3대대에 배속되어 부위副尉로 진급하였지만 불행하게도 구한국군대의 장교로 강제해산 당하는 수모를 겪었다. 드디어 7월 31일 심야에 군대해산조칙이 내려와 8월 1일 훈련원에서 군대해산식을 거행토록 명하였다. 이때 구한국의 군인 수는 모두 4천 5백 명에 불과했다. 하

| 대한제국 장교시절 신팔균과 동료들(오른쪽 의자에 앉은 사람이 신규식이다)

늘도 통탄하듯이 해산식이 거행되는 아침에 천둥과 번개를 동반한 비가 억수같이 내렸다.

　신규식은 해산 당시 서소문 보병영 제1연대 1대대에 소속되었는데, 이때 1연대 대대장인 박승환朴勝煥 참령은 군대해산조칙에 죽음으로 항거하였다. 당시 군대해산 현장에 있었던 신규식은 당시를 생생히 기록해 두었다.

　"슬프다! 박참령의 피여! 장군의 심사를 아는 사람도 적을 것이다. 그는 을미년 이후로 원수를 무찌르고 울분을 풀고자 하는 뜻을 품어 오다가 마침내 광무(고종)가 양위하고 군대가 해산되는 때를 기다렸다. 그 며칠 전 그는 대궐 안으로 뛰어 들어가 몸을 바치어 추악한 무리들을 없애 버리려고 하였으나, 매양 지척에서 화가 임금에게 미칠까 염려하여 끝내 뜻을 이루지 못하고, 울분을 품은 채 영내로 돌아갔다. 그때 각 부대의 탄환은 모조리 거둬들여 없었는데, 갑자기 한국 군부대신과 일본군 사령관이 황제의 칙서를 전하며 각 장령들을 대관정에 소집하였다. 이때 박승환만이 가지 않았는데, 일본 교관들이 독촉을 하고 일본병들이 그를 둘러싸는 것을 보면 놈들의 심사를 누구나 알 수가 있었다. 단번에 적을 무찌르려 하여도 고군무원으로 어찌할 수 없고, 차마 눈으로 한성의 참혈을 볼 수가 없어, 쾅 하는 소리로 스스로 그 배에 총을 쏘아 피를 솟구치며 즉사하니, 우리의 사졸들이 의분에 떨어 일어나 수많은 적을 죽여 버렸다. 이리하여 그는 살아서는 광무조(고종조)의 제1급 대대장이었고, 죽어서는 한반도 천백세의 영웅스러운 귀신이 되었다."

　당시 군대해산식에 참가한 군인들은 대대장 박승환의 자결로 동요하기 시작하였으며 무기고를 부수고 탄약과 총으로 무장한 제1연대 1대대를 필두로 국가를 위해 한마음으로 모였다. 당시 부위였던 신규식은 이에 적극 호응하여 부하들을 이끌고 대한문까지 진출하였다. 비록 최신예 무기로 무장한 일본군에 대항해 이길 수는 없었지만, 망국민의 처절한 울분과 설움이 분연히 일어나도록 한 것이다.

즉각 출동한 일본군은 월등한 화력으로 이들을 육박해 왔다. 일본군은 완강한 해산군인들의 저항에 부딪치자 총을 난사하였고 힘의 열세를 어찌할 수 없는 시위군인들이 수세에 몰리기 시작하였다. 이런 모습을 보면서 신규식은 대대장 박승환의 뒤를 따라 목숨을 끊고 순국하려 하였으나 동지들의 만류로 뜻을 이루지 못하였다. 군대해산으로 신규식도 9월 3일(음력 8월 10일) 면관 처분당해 강제로 군복을 벗게 되었다.

비록 일본군의 진압에 밀려 뜻을 이룰 수 없었지만 그의 결단과 투쟁적인 행위는 신규식이 후일 『한국혼』에서 주장한 바 '치욕을 알면 피로써 주검을 할 수 있고 치욕을 씻으려면 피로써 씻어야 한다'는 삶의 자세를 보여준다.

이후 신규식은 종로 운니동 집에서 두문불출 명상으로 소일하고 있었다. 하루는 군복무 시절 상사였던 윤치성尹致晟이 찾아와 실업부흥의 일환으로 회사를 설립하자는 제의를 했다. 그는 제안을 받아들여 동료 퇴직장교 10여 명을 규합해 광업회사를 발기하였는데, 윤치성·조철희, 동기생인 신창휴, 부친과 친분이 두터운 민영휘의 아들인 민대식 등이 발기인이었다. 이때 설립한 회사가 바로 황성광업주식회사皇城廣業株式會社다. 당시 잡지에 소개된 '유지, 진사제씨가 동지를 조합하여 실업을 발

| 가정양계신편(1908년 신규식 역술)

달할 주지로 중부 파조교罷朝橋에 광업주식회사를 창립하였는데 법인단체의 충보忠寶 단관端藋함과 영업성적의 우호흥왕은 일반이 알고 헤아리는 바이거니와 최선 목적은 공업 발전에 있다 한다더라'란 기사에서 그 면모를 알 수 있다. 회사의 사무실은 현재 서울시 종로3가 단성사 부근에 있었는데 공업발전에 기여할 목적으로 설립된 금융업종의 회사였다. 사장은 출자를 많이 했던 윤치성의 형인 윤치소尹致昭였으며 신규식은 경리책임자였다. 회사의 운영은 순조롭게 번성해 갔으며 신규식이 중국으로 망명한 이후에도 영업은 지속되었다.

신규식은 회사경영에 힘을 다하는 한편, 공업전습에 유능한 학생을 양성하고 분원자기分院磁器를 부활시켜 잊혀져가는 선조의 이기利器를 되찾는 데 일찍부터 관심을 가지고 있었다. 이는 그의 국권회복 방책 중의 하나로, 대한의 혼을 지키는 길에 속하는 방안이었다. 이런 면은 그가 관립공업전습소의 학생들이 세운 공업연구회의 주된 후원자로 나섰던 것에서도 잘 드러난다. 1908년 9월 7일에 관립공업전습소의 학생 127명이 박찬익朴贊翊을 회장으로 조직한 공업연구회는 조직적인 공업 연구의 필요성을 깨달아 자발적으로 만든 것인데, 이에 공감한 많은 뜻있는 인사들이 후원자가 되어 학생들의 활동을 적극 지원하였다. 후원인은

14~17명으로 신규식·양기탁·남궁억·신채호·오세창이며, 그 중심은 역시 신규식이었다. 광업회사 임원들도 공업연구회의 취지에 찬성해 자발적으로 적극적인 후원자가 되었다. 그리하여 공업연구회가 매달 발행하는 잡지 『공업계』의 발간을 돕고자 사무실을 빌려주었을 뿐 아니라 본인이 직접 월보 사장 겸 편집부장을 맡아 주도적인 역할을 담당한 바 있다. 이 잡지는 1908년 1월에 창간호를 세상에 선보인 후 공업에 대한 다양한 정보와 지식을 제공함으로써 당시 발간된 『상공월보商工月報』·『상업계』와 더불어 한말 실업계 계몽에 공적이 컸다는 평가를 받았을 정도로 활발한 성과를 거두었다. 그러나 1910년 일제가 공포한 보안법에 따라 발행이 금지되었다.

이처럼 신규식의 실업에 대한 관심과 적극적인 계몽활동은 『공업계』 잡지 발행뿐만 아니라 정진홍과 함께 공업의 필요성을 강연한 사례에서도 나타난다. 그는 국가를 이롭게 하고 국민을 후하게 하는 일이라면 사소한 것이라도 마다하지 않았다.

박찬익은 공업연구회 1대 회장으로 선출되어 연구회를 주도해가면서 신규식과 인연을 맺었다. 이들은 세월이 흐름에 따라 친분이 깊어졌으며, 박찬익의 삶에도 큰 영향을 주었다. 국권상실 후 신규식은 상하이로 망명하고 박찬익은 만주로 망명했다가 상하이로 가서 신규식과 함께 활동하면서 독립운동의 동지가 되었다.

이 시기 신규식은 문중의 개화를 주도하며 스스로도 새로운 사상을 수용해 이를 적극 활용하려는 다양한 노력을 아끼지 않았다. 그는 계몽운동학회인 기호흥학회·대한협회의 일원으로 활동하였는데 우선 대한협회에 가입하여 『대한협회회보』 제3호부터 제9호까지 매 호마다 한시 1~2편, 총9편을 기고하였다. 기고한 시에 풍전등화 같은 나라의 운명에 대한 그의 비통한 심정을 담았다. 제3호에 기고한 '송자강자送自强子'가 대한자강회가 일제에 의해 강제로 해산당한 것에 대한 울분을 담았다면, 역시 제3호의 '봉대한자逢大韓子'라는 시는 대한협회의 출범을 기리며 아울러 나아갈 길을 강조하고 있다. 해석하면 '대한이를 맞으며'라는 뜻의 '봉대한자逢大韓子'는 신규식의 본령을 보여 준다.

자강이를 보내며

너를 보낸 날 용종에 흘렀다.	送君此日淚龍鍾
그 노래 한탄스럽고 초췌한 모습.	慷慨其歌憔悴容
연로는 길고 막연하니 넓은 호수에 석조라.	燕路漫漫沉夕照
촉산 울울하여 창궁에 끼인다.	蜀山兀兀挿蒼穹
지금 대륙 병탄코자 다툼을 돌아보니	顧今大陸爭吞噬
우리로 하여금 모두 귀머거리를 참게	忍使吾人盡瞶聾
일주심을 태우니 후일의 약속을 기다린다.	一炷心香留後約
원류 백절이라도 다시 동으로 돌아온다.	源流百折更歸東

대한이를 맞으며

긴밤 침침하나 새벽종을 알리니	長夜沈沈報曉鍾
고인은 몸에 탈이 없고	故人無恙舊時容
혁혁광휘하여 백일을 다투다	赫赫光輝爭白日

사기 당당하여 푸른 하늘을 흔든다.	堂堂志氣撼靑穹
일별로 어찌 괄목상대하리	一別幾何相刮目
칠성이 연발하여 귀머거리를 바르게 한다.	七聲連發直矼聾
한배타니 풍파 급해도 두려움 없네.	同舟不畏風波急
뱃기둥 평평하고 우뚝 서서 해동(우리나라)으로 간다.	砥柱屹然東海東

하지만 그는 1908년 11월 이후 더 이상 시를 기고하지 않았고 활동의 흔적 역시 찾을 수 없다. 그 이유는 아마도 대한협회의 활동이 점차 계몽에만 치우쳐 반민족적인 양상으로 바뀌었다는 사실과 관련지어 볼 수 있다.

신규식은 대한협회의 회원으로 활동하면서 시를 매개로 대한협회가 애국계몽운동에 앞장 설 방향을 제시했으며 한편으로 실업, 공업발전이 부강의 원동력이란 입장에 서서 실업부의 업무를 담당하였다.

신규식은 대한협회 이외에도 기호흥학회가 결성될 당시인 1908년 8월에 기호흥학회에 가입하였을 뿐 아니라 회원으로서 당시로서는 큰돈인 1천 원을 기증하겠다는 뜻을 밝혀 학회를 통한 구국계몽활동에도 물질적 정신적인 지원을 아끼지 않았다. 기호흥학회는 학업을 권장하며 회보를 간행하여 일반인들에게 지식을 전달하여 경기도와 충청도 각 군의 교육발전을 목적으로 삼았다. 각 지역별로 지회를 갖고 있었으며 기호학교도 운영하고 있었다. 그런데 이들 학회는 회원의 입회비와 회비로 운영되었으니 그의 기부가 적지 않은 도움이 되었으리라고 짐작할 수 있다.

신규식은 계몽운동 학회의 일원으로 구국계몽운동에 앞장섰지만 정치적인 성격의 활동보다는 묵묵히 실업부강을 도모하는 운동에 정열을 쏟아 부었다. 이를테면 공업연구회 활동과 『공업계』 발간을 후원하고 분원자기 공장을 설립하여 고려자기의 재현을 위해 노력하였던 것이다. 그 밖에 그가 1908년 『가정양계신편家庭養鷄新編』이란 책을 역술譯述하여 양계가 가정의 간요簡要한 산업이고 전국의 거대한 이원利源이 되며 양계업 성공으로 점차 광산·철로·선박·전선과 그 외 여러산업을 꾀할 수 있게 될 것이라는 주장을 통해 산업발전의 중요성을 강조한 활동 역시 그러하다.

한편 신규식은 당시 구국계몽운동에 선구자로 각종학회의 중심인물들과 교류를 이어갔다. 윤치영의 회고에 따르면 당시 전동典洞에 있던 그의 종형 윤치호의 집과 교동校洞에 있던 백형 윤치오尹致旿의 집에는 항상 개화운동가들의 모임이 잦았다고 하는데, 그들은 유길준·김윤식·이준·박영효·김좌진·이갑·유동열·노백린·이동휘·서재필·신규식 등이었다고 한다. 이들은 독립협회 시절부터 활동하던 인물들로, 전직 고급관료로 서구사상과 접촉하였거나 또는 무관학교 교관 혹은 무관학교 출신 장교들이었다. 특히 이들 중 다수가 독립운동의 선구자들이었으며 신규식과 독립운동의 동지로 함께 활약하기도 하였다.

신규식은 군인의 현직에 있으면서 한편으로 구국교육운동에도 적극적이었다. 그가 쓴 『한국혼』에서 '우리 대한이 망했다 해도 우리 마음속에는 스스로 하나의 대한이 있는 것이니 우리의 마음이 곧 대한의 혼이다. 다함께 대한의 혼을 보배로 여겨 소멸되지 않게 하여 먼저 각자 자기의 마음을 구해 죽지 않도록 할 것이다'라고 하였다. 그는 대한의 혼을 보존하는 것만이 민족과 국가회복의 지름길이라 여기고 이를 실천하는 방법 중 하나로 '민력' 개발, 즉 교육구국을 중시하였던 것이다.

일찍부터 교육활동에 눈을 돌린 신규식은 육군무관학교 시절 문중 및 지역사회의 근대화에 앞장서 1903년 겨울 향리에 덕남사숙을 설립하였다. 여기서는 산술·측량·한문·일어 등 10여 과목을 가르쳤으며, 그 외에도 유능한 교사를 청주에서까지 초빙하는 등 근대식학교의 면모를 갖추었다고 한다. 신규식은 이 사숙에 애착을 갖고 틈을 내서 향리에 내려와 직접 강의를 맡곤 했다.

신규식의 문중인 산동 신씨는 세조대 영의정이었던 신숙주 후손으로, 조선조의 정치사상으로 보아 초기에는 훈구벌족이었으나 중기에 이르러 사림으로 변모했으며 붕당기에는 남인계열에 속하였다. 이들은 조선 중기에 청주로 낙향해 산동 지역에 문중촌을 형성했는데, 이 지역이 바로 노론의 본산인 화양동서원 입구였으므로 서로 적지 않은 마찰이 있었을 것이다.

조선 후기에 들어서면서 문중 출신의 과거급제자의 수가 감소하기는 했지만, 순조대 이후에는 노론 중심의 세상이었기 때문에 중앙정계로의 진출 자체가 위축되고 있었다. 그리하여 조선 초기 중앙정계 진출로 화려했던 집안의 광영이 쇠락해 가고 있었다고 해도 지나친 표현은 아니었다. 하지만 고종 즉위 후 세도정치에 대한 대대적인 개혁을 실시하던 흥선대원군의 인재 등용책에 힘입어 남인계열인 산동 신씨들도 관직에 진출하게 되었다. 이러한 분위기를 적극 활용해 먼저 중앙에 출사한 문중인사들이 상경하면서 서구 근대의 개화에 대한 인식이 변화하였고 산

| 문동학원 터 전경(인차리)

 동문중의 유능한 청년들이 신학문 수학과 중앙 정계 진출을 꿈꾸며 속속 상경하게 되었다. 그 대표적인 예가 신규식·신채호·신흥우 등의 상경이었다. 이들은 상경과 더불어 문중인사들의 전폭적인 지원하에서 선구적인 개화청년으로 변모할 기회를 갖게 되었다.
 산동의 청년들처럼 신규식도 중앙에 진출해 있던 문중어른들의 적극적인 배려 속에서 신학문을 배우기 위해 신식학교에 입학하였다. 그리하여 당시 독립협회 및 만민공동회가 주도해 가던 정치운동으로 근대민족주의·민주주의·근대화사상이 형성·고양되어가는 분위기 속에서 근대화에 대한 당대의 문제를 피부로 느낄 수 있게 되었다. 이들은 자신의 근대화인식 및 수용에 만족치 않고 근대화에 대한 열정을 심화시키면서 향리에 문동학원·덕남사숙·산동학당 등을 설립하여 문중을 근대화 대

열로 이끌기 위해 열의를 다하였다. 그 결과 1908년에는 보수양반 문중으로는 최초로 문중 내 근대식 교육을 지향하는 영천학계靈川學契를 결성하게 되었다. 신씨문중은 전통적인 유림적 사고를 극복하고 스스로의 체질 개선을 통해 근대화로 향하는 과정 속에서 적극적으로 변모해 갔던 것이다.

이러한 산동문중의 변화는 신규식 등을 후원했던 문중 내 소수 유력인사들의 중대한 역할 덕분이었다. 이들은 동도서기적인 방식으로 문중개화를 이끌어가도록 기본 틀을 제시하였다. 산동 신씨 문중의 근대화 특성이 뒤에 살펴볼 영천학계 취지에서도 나타나듯이 서구적인 근대화가 아닌 구체신용舊體新用의 개화, 즉 동도서기적인 노선을 취한 것은 갑오개혁을 비롯한 일련의 후기개화파의 급진적인 개혁실패와 전통유림의 척사의병 실패를 거울삼은 반성적인 사고의 소산이라 할 수 있다.

구체신용의 근대화는 신규식이나 신채호 등 산동문중의 선구적 열혈청년에게도 받아들여졌다. 그의 저서 『한국혼』에 나타난 구학문과 신학문에 대한 비판을 검토해 보면 양자의 무비판적인 맹종을 정신의 죽음으로 비판하고, 우리의 정신과 이기를 바탕으로 서양문명을 받아들여야 한다는 입장을 견지하고 있다. 다만 이들의 경우에는 구국투쟁에 대한 이념이 심화되는 과정에서 자주적 근대화나 일제에 대한 강력한 민족주의적 성향이 보다 강화되는 모습으로 발전된 점이 특징적이다.

신규식은 이처럼 문중촌에 선구적인 근대식 학교를 세워 문중개화에 일익을 담당했으며, 그의 노력에 힘입어 문중개화는 물론 문중개화 인사들의 교육활동이 보다 적극적으로 전개되어 갔다. 당시 산동 신씨 문중에서는 다른 문중보다 먼저 신문화·신교육 수용의 중요성을 인식하고 신속하게 근대화 수용으로 진로를 모색하였다. 예컨대 신성우(신채호의 조부)·신면휴(신홍우 부친)·신태휴(경북관찰사 역임)·신용우(신규식 부친) 등은 '개화'에 대한 이해가 깊어 문중 젊은이의 신교육을 위한 학계 설립을 후원하고 서울 도동서당을 연락처로 삼아 많은 신청년을 배출하였다. 즉 신규식·신채호·신건식·신홍우(YMCA 총무)·신홍식(3·1독립선언서 33인)·신백우(신사상연구회)·신석우(언론인) 등은 청주의 시골마을 출신의 개화인사들이다. 이외에도 구한말 신식학교에서 수학하여 관계에 진출한 인사도 적지 않았던 점 등을 고려하면 문중 단위의 개화로는 전국에서 손꼽을 수 있는 중요한 사례였다. 또한 이들은 이웃하고 있는 문중촌 각 마을에 1901년에 문동학원, 1903년에 덕남사숙, 1904년에 산동학당을 설립하여 신교육 보급에 중요한 역할을 담당케하였다. 이같은 양상은 당시 전국 어느 곳과 비교해도 상당히 일찍부터 향촌에서 신교육을 실시하였다는 점에서도 확연히 드러난다. 당시 전국에서 민립학교 설립이 추진되었던 시기는 1905년 을사늑약의 충격과 1906년 광무황제의 흥학조서興學詔書가 발표된 후였다. 또한 서울의 대표적인 민립학교인 보성·휘문·양정·진명·숙명·중동학교 등이 모두 이 흥학조서에 따라 1906년 이후 설립되었다는 사실을 보아도 신씨 문중의 개화개혁의 선도적 역할은 주목할 만하다.

  마침내 서울에 올라와 있던 인사들을 중심으로 학계 결성이 논의되어 1908년 5월 1차 종회宗會에서 정식으로 영천학계가 출범하였다. 학계는 총감, 계장, 부계장, 총무(각 1명), 각 부장(4명), 일반부원으로 구성되었다. 총감은 관찰사를 역임한 신태휴, 계장은 신흥우의 부친인 신면휴, 부계장은 신규식의 부친인 신용우, 실무담당인 총무는 신규식이 각각 맡았다. 신규식의 형인 신정식도 부장으로 선임되어 그의 집안이 모두 적극적으로 참여하고 있음을 보여준다. 아울러 문중촌이 있는 청주·문의·옥천에 지회를 설립해 학계 설립취지를 구체적으로 실천하려는 문중의 의도를 엿볼 수 있다.

영천학계의 설립취지는 종중의 사장된 재산을 학교설립에 끌어 들여 재정이 안정된 학교를 세우려는 것이었으며, 이들이 지향하는 학교 교육의 요체는 구학과 신학을 겸비하며 덕행을 수양하고 지식을 계발하며 충효를 시상是尙하고 지기志氣를 바르게 세우자는 것과 의무교육 실시였다. 말하자면 의무교육과 신·구학문의 장점을 겸비한 구체신용의 교육에 역점을 둔 주체성 있는 근대교육을 지향하였다.

이러한 교육이념을 실천하고자 사립학교와 가족구락부를 설치하겠다고 하였으며 그에 따라 청주와 문의지회에 각각 사립학교가 세워졌다. 1909년 6월에 신형우申亨雨가 청주에 청동학교를, 신승구申昇求가 문의에 문동학교를 설립했다. 청주의 산동문중학교, 문의의 산동문중학교란 의미에서 청동·문동으로 명칭을 정한 것으로 보인다. 그런데 신규식의 전기에 의하면 그가 청동학교와 문동학교를 설립한 것으로 서술되어 있는데 이는 두 학교가 문중의 영천학계 사업의 일환으로 설립되었고, 당시 학계의 총무였던 그가 학계의 주도자로 제반사업을 주관했음을 의미한다. 학계 참여 인사들의 연배로 보나 근대적 학문과 구학문을 겸비한 학력으로 보나 학회활동과 실업활동 등의 경력으로 보나 총무였던

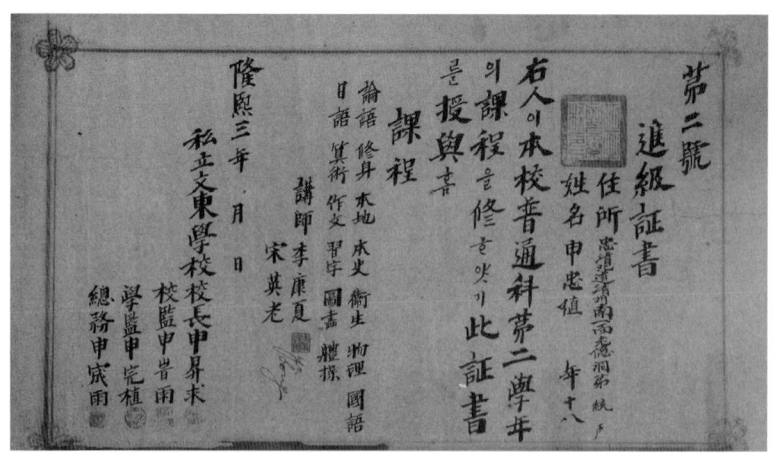

| 문동학교 진급증서-1909년

신규식이 학계를 이끌어가는 중추였다고 할 수 있다. 따라서 학계설립에서 산동문중이 지향했던 개화의 방향이 구체신용, 즉 동도서기론東道西器論과 민족주체성의 강조였다고 한다면 이는 동시에 신규식의 개화사상의 방향이라고 할 수 있다.

문동학교는 본래 신씨의 종가에서 시작하였으나 신규식을 비롯하여 그의 문중 및 동리의 찬조를 얻어 새로이 학교 건물까지 마련하였다. 그리고 수업을 담당할 선생 중 일부는 현지에서 충원하고 한어나 영어교사는 외지에서 초빙하였다. 신규식은 서울에서 근무했기 때문에 문동학교를 항상 지킬 수 없었다. 그래서 휴가를 얻어 1년에 한두 번 내려가서 학생들의 정신적 훈화를 맡았다. 물론 그 내용은 틈틈이 배워야만 구국할 수 있고 또한 스스로 갈 길을 갈 수 있다는 것이었다. 당시 이 학교에서 공부했던 강세희姜世熙의 증언에 따르면 학생수가 많을 때에는 200여

명 정도였으며, ㄷ자형 건물에 4학급 또는 3학급으로 나뉘어 갑·을·병으로 각각 불렀다. 교실에는 교훈이나 급훈 따위는 없었으나 태극기는 있었다. 교과목은 한어·한문·이과(측량)·영어를 배웠으며, 교재는 한문으로 되어 있었는데 량치차오梁啓初의 『음빙실문집飮氷室文集』 등도 함께 읽었다. 그러나 그는 한글은 배우지 않았다고 하였다. 이밖에도 운동회도 열었으며 다음과 같은 노래를 합창하면서 배움의 열의를 다졌다고 기억하고 있다.

> 아 대한국 만세, 부강기업은 국민을 교육함 존재함일세.
> 우리는 덕을 닦고 길을 바로 문명의 선도자가 되어 봅시다.
> 학도야 학도야 청년학도야. 나라의 기초는 우리 학도님
> 충군애국정신을 잊지 마시오.
> 활발히 경주하여 전진함에 허다 사업을 감당할 이면
> 신체의 건장함이 청백이로다.
> 천지도 영랑하고 평원광야에 태극기 높이 달고 운동하여 보자.

이 학교는 강세희가 졸업한 후 1915년까지 계속 운영되었다고 한다. 학생들이 부른 노래 가사에서 서구문명의 이기를 배워 부강한 나라를 만드는 것이 급선무이며, 이러한 많은 사업을 슬기롭게 전진시켜 나가기 위해 교육을 통한 선구적이며 충실한 일꾼 양성이 선결 과제임을 깨우치려는 그의 숨은 의도가 엿보인다.

신규식이 이처럼 근대적 학교교육에 열의를 보였던 당시 교육현황을

보면 근대학교는 대부분 기독교의 선교학교였으며, 민립학교가 몇몇 있었으나 그것도 유교성향이 약한 북부 지방에 치중된 것으로 나타난다. 그렇지만 중부 이남지역은 아직도 유풍儒風이 강하게 남아 근대학문의 필요를 인식치 못한 상태였으므로 보수적인 유생의 반대가 학교경영을 어렵게 하던 시절이었다. 그럼에도 산동 신씨 문중에는 이미 1900년대 초 민립학교인 문동학원이 설립되고, 덕남사숙이 설립되어 근대교육을 실시한 것은 가히 선구적이라 칭할만하다. 특히 문중촌에 신교육의 학교가 설립되었다는 것은 문중 내의 합의가 전제되었을 터인즉, 문중의 서구적인 개화청년과 문중 자체가 상호 보완적으로 개화되어 가는 모습을 보여주는 좋은 예라 하겠다.

신규식은 문중차원의 교육활동 이외에도 서울에서 개인적으로 후진양성에 힘을 기울였다. 1909년 3월 윤치소의 뒤를 이어 현 중동학교의 전신인 중동야학교의 제3대 교장으로 취임하였다. 중동학교는 당시 계몽단체나 민간인들이 근대적 제도교육의 필요를 각성하여 설립한 많은 사립학교들 중 하나로, 1906년 한어야학漢語夜學에서 출발한 학교였다. 한어학교 출신으로 교육활동에 뜻을 두었던 그가 교장으로 재임하기 이전부터 이 학교에 관여했을 것으로 추측된다. 그는 교장에 재임하면서 인재양성·실력양성·계몽을 위한 교육을 실시하여 위기에 처한 조국과 민족을 구하고 자주 독립 국가를 건설하려는 목적으로 학교를 운영하는 한편, 중동야학교 설립을 정식으로 인가받아 학교발전에 힘썼다. 1910년 8월 일본에게 나라를 빼앗기자 중국으로의 망명을 결심하고 춘강 조동식趙東植에게 교장직을 맡겼다.

2 상하이지역 한국독립운동의 주춧돌이 되다

망국의 통한을 삼키며 희망을 품다

대한제국 말기 계몽학회 활동은 물론 구국교육운동 및 실업 진흥 등으로 국권회복운동에 헌신했던 신규식은 1910년 8월 병탄조약이 강제로 체결되었다는 소식을 들었다. 삼천리 강토 곳곳에서 지위와 신분의 높고 낮음을 막론하고 마치 친부모를 여읜 것처럼 많은 이들이 가슴을 졸이고 발을 구르며 하늘을 우러러 통곡하니 온 나라 안에 곡성과 원통한 외침이 끊이지 않았다. 온 국민의 피눈물어린 호소가 온 세계에 퍼졌으나 약육강식의 제국주의적 논리는 이를 개의치 않았다. 이제 이천만 단군의 후손들이 일제의 노예로 전락하는 일만이 남게 된 것이다. 훗날 그는 국치의 과정을 이렇게 말했다.

"경술년(1910) 8월 29일을 잊었단 말인가? 이는 모두 우리 한국 삼천만 동포가 일본인에게 학대를 받은 기념일인 것이다. 우리들은 그러한 치욕을 아는지 모르는지 알 수가 없다.

슬프다! 홍범식 군수의 피여! 나라의 주권이 빼앗기고 혼자의 힘으로 어떻게 할 수가 없게 되자 거짓 꾸며진 임금의 조칙을 땅에 내던지고 크게 임금이 욕을 보고 나라가 깨졌는데, 죽지 않고 무엇을 하겠는가?라는 뜻의 '군욕국파君辱國破 불사하위不死何爲' 여덟 글자를 벽 위에 커다랗게 써 놓고 스스로 목매어 죽고 말았다. 아아! 그때 360주의 군수들이 저마다 모두 금산 군수와 같았던들 우리들은 어찌 그토록 쉽게 망하였겠는가?"

3천만 동포 모두가 홍범식의 피흘림과 같기를 바랐던 그의 안타까운 맘을 읽을 수 있다. 국권회복운동에 몸바쳐온 서른의 신규식 역시 온전한 정신으로는 받아들일 수 없는 기막힌 상황이었다. 그는 다시 용기 내어 홍범식과 같은 길을 가고자 음독자살을 꾀하였으나 다행히도 대종교의 종사 나철羅喆에게 구출되어 재차 새 삶을 살게 되었다.

신규식과 나철의 인연은 그가 1909년 7월경에 대종교에 입교한 후 맺어진 것이었다. 그는 한국 민족의 부흥은 대종교 발전에 있다고 생각할 정도로 한국민족의 정신이 대종교에 깃들어 있다고 확신하였다. '근본이 먼저 뒤틀리면, 지엽枝葉도 그에 따르는 것이니 어찌 슬픈 일이 아니겠는가?'라는 옛글을 인용한 신규식의 지적처럼 우리 민족의 시조 단군을 바로 세워야만 비로소 민족문제를 해결할 수 있다며 민족문제의 해결책을 여기서 찾았던 것이다.

홍암 나철은 1909년 대종교를 새롭게 한 인물로 1904년 이후 구국운동이 좌절되자 민족종교운동으로 방향을 돌려 1909년 1월 15일 단군대황조신위를 모시고 제천의식을 거행한 뒤 단군교를 선포하였다. 이후 대종교로 개칭하고 항일독립운동을 종단의 교운敎運을 건 최우선의 실천

과제로 삼았다. 대종교의 항일정신은 곧바로 항일독립운동으로 이어질 수밖에 없는 숙명적 과제였다. 항일정신은 바로 독립정신이며 나라를 구하고 동포를 건지려면 온 겨레의 구심점을 국조 단군한배검으로 귀일시키는 것 이상의 명분이나 묘책은 없었다. 그리하여 국조 숭배사상을 고취하며 홍익인간 이화세계理化世界 이념을 종단의 구현목표로 삼았다. 그리고 민족 신앙의 교리 안에 우리 민족사상과 민족철학이 담겨 있다는 사실을 홍보했다. 나철이 대종교를 창시하였을 때 주로 구 관료·양반·의병·열사·의사·을사오적 암살 결사대원 등이 입교하여 대중의 주목을 끌었으며 불과 1년 만에 신도수가 약 2만 명에 달하는 교세를 과시하였다. 이에 당황한 일제는 민족적 색채가 강한 대종교의 교세 확장을 저지하기 위해 탄압하기 시작하였다. 마침내 1915년 10월 1일에 조선총독부령 제83호 '종교통제안宗敎統制案'에 의해 대종교 국내 본사는 12월 21일자로 해산되었다. 다행히 나철 등 대종교 지도자들은 계속되는 탄압을 염려하여 1914년부터 총본사를 만주로 옮겼던 것이다. 만주에서는 이를 기반으로 독립운동을 전개하였다.

나철에 의해 다시 살아난 후 그에게 종교적 감화를 받으면서 대종교는 신규식의 사상적인 측면은 물론 일상생활에까지 큰 영향을 미쳤다. 이후 상하이 활동시기 그는 그 지역 대종교의 중심적인 지도자로서 중요한 역할을 담당해 나갔던 것이다.

이러한 고통 속에서도 신규식은 나라와 민족이 절망의 나락에 떨어지게 된 근본원인이 과연 무엇일까 고민하기 시작하였다. 다양한 서적들을 두루 섭렵한 그는 망국으로 치닫게 된 원인을 법치의 문란과 원기

| 대종교 총본산 소장자료 사진

의 쇠약, 지식의 빈곤, 외세에 대한 아첨과 한순간의 편안함 추구, 공연한 자비自卑 당파를 짓고 사리사욕을 꾀하는 것에서 찾았다. 이보다 더 근본적인 원인은 바로 하늘이 준 본연의 착한 마음을 송두리째 잊어버린 데 있다고 보았으니 '상진천량喪盡天良'이 그 의미다. 상진천량이란 네 글자가 있어 양심이 마비되고 악한 병에 걸리는데 그를 선망善忘, 잘 잊어버리는 것이라 칭했다. 이처럼 백성들이 잊어버리기를 잘하니 나라가 망할 수밖에 없는 결과를 가져온 것으로 판단했다. 따라서 한국이 살아나는 방법은 다름 아닌 '선망증'을 치유하는 방법에서 찾아야 하며 선조의 교화와 종법, 선조의 능력과 이기, 국사와 국치國恥를 잊지 말고 마음에 새겨야만 대한의 혼을 간직할 수 있으며, 그래야만 나라를 되찾을 수 있다고 생각했다.

이런 생각을 굳힌 신규식은 새로운 각오로 구국에 몸 바치기로 하였으나 국내활동은 극심한 탄압으로 더 이상은 불가능했고, 더욱이 친한 친구의 체포소식에 생명의 위협까지 느끼게 되자 중국으로 망명하기로 결심하였다.

망명을 결심한 신규식은 그와 뜻을 같이하는 동지 조성환과 박찬익을 만나 새로운 각오로 독립운동에 투신할 것을 맹세하며 의형제를 맺었다. 조성환과 박찬익은 먼저 떠나고 신규식은 남아서 남은 일을 정리하며 망명자금을 마련하기로 하였다. 그리하여 재산을 모두 처분하고 친구들과 함께 운영하던 광업회사의 돈까지 거두어 2만여 원을 준비하였는데, 당시에 쌀 한 가마니가 1원 50전이었으니 2만 원은 대단한 액수의 돈이었다. 신규식은 자금 중 일부를 조카인 신형호에게 주어 먼저 망명한 조성환에게 보냈다. 그리고 부친에게 고별인사를 드리기 위해 향리인 인차리로 내려간 그는 신백우申伯雨를 만나 중국으로 망명할 뜻을 비쳤다. 이어 당시 관립외국어학교에 다니고 있던 아우 건식에게 상하이로 망명할 것임을 알려주고 연락이 있을 때까지 기다리고 있도록 지시하였다. 신규식은 망명을 준비하고 있을 무렵 친구들이 체포되었다는 소식을 듣고 망명을 서둘렀다.

1910년 망국을 전후한 시기부터 국내 구국활동이 어려워지자 많은 애국지사들이 해외에 독립운동기지를 세워 독립투쟁을 계속하려는 목적으로 국외로 망명하면서 독립운동은 새로운 국면을 맞게 되었다. 주된 망명지는 만주와 연해주 지역이었는데 그 이유는 일찍부터 이주한 한인들이 많았으며, 한인사회도 형성되어 있었으므로 독립운동기지 설치에 적합하였기 때문이었다. 많은 독립운동가들이 이 지역에서 무장투쟁과 교육구국활동을 시작하였으며 국권상실 이후 국내의 의병부대가 건너가 합류하였다. 반면에 중국 본토는 교통편이나 거리상의 어려움 때문에 정착해 있던 한인의 수가 매우 적었다. 즉 1911년경에는 상하이·베이징 등에 불과 수십 명의 한인이 살고 있었을 뿐이었다. 그런데도 신규식이 독립운동을 위한 제반환경이 전혀 갖추어지지 않은 상하이로 망명한 점은 주목할 필요가 있다.

그 동기를 살펴보면 우선 신규식은 국제 정세, 특히 중국 정세를 비교적 정확히 파악하여 당시 중국 국내에서 일어나고 있는 큰 변화의 조짐을 주목하고, 변화가 한국의 앞길에 새로운 전환을 줄 것으로 믿었다는 점을 들 수 있다. 그가 중국 정세에 정통할 수 있었던 것은 망명 이전

학회활동 시기에 계몽운동단체의 학회지나 신문을 통해 당시 중국혁명당에 관한 기사를 접할 수 있었기 때문이었다. 이 점은 그가 중국혁명에 대해 대단한 희망을 가져 중국혁명의 성공이 바로 한국의 독립해방으로 연결될 것이라고 확신했던 그의 글에서도 엿볼 수 있다. 결국 그는 당시 중국이 처한 입장이 한국과 비슷한 상황이라는 판단하에서 중국의 공화주의적 혁명이 성공할 것이며, 그 결과 한국 독립해방도 영향을 받게 될 것이란 확고한 믿음을 가슴에 새기고 중국혁명의 중심지 상하이로 망명하였다. 한국독립의 꿈을 위해.

당시의 상하이는 동방교통의 요지로, 구미 각국인의 내왕과 거주로 국제여론 형성과 정보수집이 용이한 지역적 특성이 있었다. 또한 이 곳은 서구열강이 치외법권을 행사하던 조계지가 상하이 곳곳에 자리하고 있어 한국 독립운동가들은 물론 피압박민족의 지도자들 역시 다양한 감시와 통제를 벗어나 자유로운 활동이 가능한 지역이었다. 그러므로 상하이는 이미 중국 혁명운동가와 다수 피압박 민족운동의 중심지로 부상하였으며 혁명운동의 일환으로 잡지나 신문 등이 다수 출판되어 있었고, 혁명운동 단체도 많아 혁명기운이 만연하였던 것이다.

신규식이 중국으로 망명한 시기는 1911년 3~4월경이었다.

신규식이 남긴 시집 『아목누兒目淚』에 실린 한시를 통해 서울에서 중국 상하이에 도착한 경로와 그 여정을 따라가 보자. 그는 「서울 떠나 압록강 건너며」, 「안둥현 류성 1번지에 이르러」, 「고려문을 지나며 : 사하진沙河鎭 떠나」, 「센양(펑티엔)에 묵으며」, 「산하이관에 이르러」, 「베이징에서 청사를 찾아」, 「청사, 조카와 함께 베이징을 떠나며」, 「톈진에 이르러」, 「산둥성에 이르러」, 「칭따오에 이르러」, 「자오저우만에서 상하이로 가는 길」이란 시들로 자신의 여정을 정리했다. 즉 압록강을 건너 안동현에서 하룻밤을 지내고, 다음날 아침 사하진沙河鎭을 떠나 랴오양遼陽(고려문), 센양瀋陽 산하이관을 거쳐 베이징에 도착했던 것으로 보인다. 그 곳에서 청사晴簑 조성환을 만나 중국의 현황에 대한 사항을 듣고 그 실상을 파악한 뒤 다시 베이징을 출발하여 톈진·지난濟南을 거쳐 칭따오에 이르러 자오저우만에서 영국 배를 타고 드디어 상하이에 도착한 것을 알 수 있다.

　식민지시기 한국인들이 상하이로 망명하는 길은 크게 해로와 육로의 두 가지 길이 있었다. 신규식은 육로로 신의주를 거쳐 센양·베이징·상하이로 갔으며, 뒤를 이어 1912년 망명한 박은식의 경우도 신의주-센양을 거쳐 베이징·톈진을 경유해 상하이로 망명했다고 한다. 이후 많은 망명객들이 유사한 경로로 베이징이나 상하이 지역으로 망명하였다. 즉 상하이로 망명했던 많은 이들이 기차로 신의주에 이르러 압록강을 건너 국경을 통과한 후 센양-베이징-톈진-지난-칭따오를 거쳐 상하이에 도착하는 경로를 주로 이용하였던 것이다. 중국의 관내지역인 상하이로 망명하는 한국인들이 만주를 경유하여 가는 경우는 그곳에 미리 자리 잡은 한인들의 도움을 받을 수 있었다는 이점이 있었다. 특히 중국어와 중국의 사정을 모르는 한인에게는 이들의 도움 없이는 망명의 여정이 어려울 수밖에 없었음은 짐작할 수 있다.

　한국 북부와 국경을 접하고 있는 만주 지역의 경우 일찍부터 한국인들이 국경을 넘어 터를 잡아 생활하던 곳이었다. 즉 19세기 중반 이전

| 상하이 망명 당시의 신채호, 신석우, 신규식(왼쪽부터)

부터 한·중 국경을 넘나들면서 만주 지역을 개간하였던 한국인들은 20세기 전후 일제가 한국을 본격적으로 식민지화함에 따라 만주 지역으로 이주하는 이들이 급증하였다. 이를테면 만주에 거주하는 한국인의 수가 1894년 6만 5천 명, 1905년 7만 8천 명, 1910년 10만 9천 명으로 각각 증가함에서 확인할 수 있다. 어쨌든 만주 지역으로 이주하는 한국인들은 대개 지금의 연변 지역에 많이 정착하였으며, 그 외 베이징·톈진·

산둥지역에도 한인들이 거주하고 있었다.

신규식은 국경 근처 압록강을 건너 안동현을 거쳐 랴오양의 고려문을 지나 셴양을 거쳐 베이징에 도착했다. 그는 고려문을 지나면서 빼앗긴 조국의 역사를 거슬러 고려의 유적을 돌아보면서 그 안타까움을 묘사하며 나라 잃은 당시의 슬픔을 담아내고 있다.

고려문을 지나며
아침에 사하진沙河鎭 떠나
도중에 고려문高麗門 지나노니
인적 없이 텅 빈 산속
고직한 내 마음 달랠 길 없네

항저우 고려사에서 감회
적산에 해 기울 무렵 사문을 찾아오니 아득히 우거진 서쪽 숲은 마치 산골짜기 마을 같구나. 석상은 이미 천 년을 선 채로 불상을 우러르고 있는데 정처 없이 만 리 길 돌아와 왕손을 슬퍼하도다. 철마다 머리 돌릴 수 없는 곳에는 딱하게도 몇 칸의 묘당이 남아있을 뿐.

그는 베이징에 가자마자 자신보다 먼저 이곳으로 망명해 온 청사 조성환을 방문하였다. 그는 서울에서 이별한 후 베이징 땅에서 옛 친구를 만나니 감격해서 눈물만 흘렸다. 둘은 말도 없이 서로가 한참동안 쳐다보기만 하다가 비로소 중국의 사정에 대한 이야기를 나누었다.

| 신규식 유묵

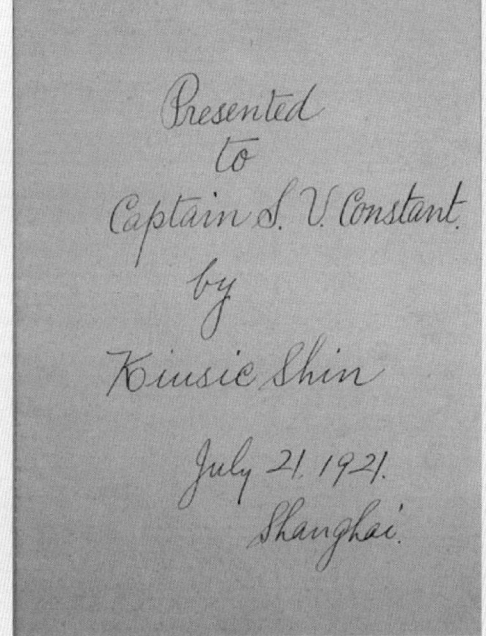

| 신규식 친필

신규식은 베이징을 떠나 상하이로 갈 목적으로 톈진으로 가 프랑스 조계지에서 하룻밤을 묵었다. 그는 당시 프랑스가 정치적인 면에서 비교적 관대하였을 뿐만 아니라 조계지가 일본의 치외법권 지역이므로 그들의 감시로부터 벗어날 수 있다고 여겨 이곳을 택하였다.

그는 그곳에 머무는 동안 우리나라의 공사관이었던 곳을 수소문하여 찾아보았다. 신규식은 프랑스 은행을 그곳으로 잘못알고 헤매다가 결국 찾기는 찾았으나, 아무도 없는 적적한 모습을 보고 그만 서글픈 마음에 젖고 말았다.

옛 공사관을 지나며
이전의 한국공사관 자리가 어느새 프랑스동방회리汇理은행
대출기구로 되어 마치 무엇을 잃은 듯 허전한데
저쪽엔 태양기가 높이 걸려있지 않는가
공사관을 찾아가니
대출은행 나타나네
텅 빈 거리에 인적 하나 없고
서쪽에 기운 해만 걸려있네

신규식은 다시 톈진을 떠나 산둥의 지난으로 가 진제전에서 머물면서 그 지역에 거주하고 있던 김선교金宣喬와 만났다. 이후 그는 칭따오에 이르러 자오저우만에서 영국 배를 타고 상하이로 향하였다. 이때 그는 배 내부의 모습을 보고 시 한수를 지어 영국 제국주의가 중국에 아편을 수출한 사실과 아편전쟁으로 중국을 침략한 죄상을 질책하고 있다. 두고 온 조국의 참상도 이에 못지않을 것임을 가슴 아파한 속마음도 함께 풀어낸 것이 아니겠는가. 타는 마음을 전하여 '탕구塘沽에서 영국 배에 오르니 전후좌우에 아편쟁이뿐이라 도저히 밤잠을 이룰 수가 없다. 가증스러우나 어찌할 바 없어 5언 절구에 분노를 담아서 아편귀신 질타하노라'라고 한 후 시로 말했다.

자오저우만에서 상하이로 가는 길에

무슨 놈의 독종이기에

가는 곳마다 멸망이냐?

영국 장사치들 파렴치하여

중국인들 스스로 재앙입누나

너를 증오한다 탓하지 말라

그 죄악 하늘에 사무치나니

훗날 헤그회의 다시 열면

단연코 네놈을 멸종시키리

중국혁명의 근거지인 상하이에서

상하이에 도착한 신규식은 당시 상해 거주 동포가 소수에 불과해 한인만의 힘으로 독립운동의 기반을 구축하는 것은 어렵다고 판단하였다. 따라서 그는 당시 혁명운동을 전개하던 중국지사들과 적극적 유대 및 협력체제를 마련하는 한편 한국 독립지사들을 상하이로 망명하도록 독려하는 방안을 강구하였다. 즉 신규식은 한국독립을 달성키 위한 첫 단계인 중국 혁명운동에 직접 투신하기 위해 당시 중국혁명파의 잡지 『민립보民立報』의 사원인 쉬쉬에얼徐血兒(쉬티엔푸徐天復)과 친교를 맺었다. 『민립보』는 1910년 10월에 위요런于佑任이 창간한 신문으로, 중국동맹회를 창설한 중국혁명가 쑹 자오런宋敎人, 동맹회 회원인 뤼즈이呂志伊·판광치范光啓·쉬쉬에얼 등이 여기에 참여했다. 그리고 천치메이陳其美가 외신기자를 맡고 있어 『민립보』는 중국 혁명운동가들과 직접적 관계를 맺고 중국 혁명운동을 적극 지지하였으므로 혁명파의 기관지라 할 수 있다. 또한 민립보관은 이들의 연락 중심지로서 중국동맹회 회원을 비롯한 혁명운동가들의 왕래 장소이기도 하였다.

이렇게 신규식은 쉬쉬에얼를 통해 중국혁명의 지도적 인물들과 친교를 나눌 수 있는 기회를 얻었다. 우선 신규식은 쑹 자오런과 친분을 맺고 그를 통해 비로소 중국 혁명동지들과 직접 접촉하게 되어 중국동맹회의 창립동지인 황싱黃興(황극강黃克强)·천치메이 등과 차례로 친교를 맺게 되었다. 그는 이름도 신성申檉으로 고치고 중국동맹회에 가입한 후 1911년 10월 중국혁명가 천치메이와 더불어 우한武昌혁명에 참가하여 한국 지사로는 중국 신해혁명에 투신한 최초의 인물로 인정받게 되었다.

그는 혁명 참여 전야에 쓴 시 「베이징에 이르러」(1911)에서 바야흐로 흥기되고 있는 중국혁명에 대한 동경심을 시로 풀었다.

서울 떠나 어연간 삼천 리

해질 무렵 베이징에서 옛 친구 만났구나

중화의 희소식 정말인지

눈물겨워 오래 동안 말 못하였네

    그는 무너져가는 청조 봉건통치를 '낙일落日 베이징'에 비유하고 신해혁명 전야의 '희소식'에 접한 자신의 끓어오르는 혁명적 격정을 적었다. 또한 「서현자에게」란 시에서도 곧 일어날 신해혁명의 불길을 '아세아의 밤을 밝혀주는 희망의 등대'로 묘사하여 중국혁명에 대한 자신의 희망을 표현하고 있다.

    신해혁명에 직접 참가했던 신규식은 쑨원孫文·황싱 등 민주주의 혁명가들과 손잡고 중국혁명의 승리를 위해 투쟁하여 온 그들의 거룩한 업적을 중심으로 노래하였다.

    그는 또 신해혁명의 혁명군총사령으로 임명되어 우한으로 떠나는 황싱에게 시를 지어 선사하였다. "한나라가 일어나고 진나라가 멸망하는 것은 천하의 뜻이니 이제 누가 창해군滄海君을 알리요"라고 해 황싱을 중국혁명의 보검이라 칭송하였다.

    우한혁명의 성공으로 신규식은 조국독립의 희망과 확신을 갖게 되었고, 이에 자극받은 한국의 독립운동가들도 상하이로 모여들게 되었다.

    그 후 신규식은 혁명동지인 천치메이를 통해 우티에청吳鐵城·쥐정居正 등 중국 각 지역혁명가들과도 접촉하게 되었으며, 후일 상하이에 도착한 중국혁명의 지도자인 쑨원과도 친분 관계를 맺을 수 있었다. 당시 쑨원이 주도한 중국혁명은 민족·민권·민생주의를 표방한 민족복권운동이었다. 또한 그는 약소민족의 독립해방 쟁취를 지지하고 격려하는 입장을 취하였으며, 중국혁명이 신속히 진전되었던 까닭으로 신규식은 쑨원과 중국혁명에 대한 기대가 적지 않았다. 그리하여 1912년 쑨원이 중화민국 초대 임시대총통이 되었을 때 이를 축하하면서 공화정의 출범을 기리는 시 「쑨원 총통을 축하하여祝孫總統」를 지었다.

    공화국 새 세상 만들어
    낡은 세상 돌려세우니
    사해의 만백성 즐거워
    손중산 우러러 모시네

또한 「손중산에게 드림」 등 격정이 흘러넘치는 송가들을 노래하고 있다.

    험악한 세상에 거룩하신 분 태어났네
    강남땅 험난한 길 누비시어
    바라고 바라던 우한봉기 일으키던 날
    천군만마 한결같이 호응하여 나섰네

이 두 시에서 그는 쑨원을 광영과 희망의 상징인 '해와 달'에 비유하고 '사해의 백성이 환호하는' 당세의 위대한 수령으로 높이 칭송하면서 중국혁명의 선구자들에 대한 크나큰 기대와 감정을 구김 없이 떨쳐냈다. 이후 조성환과 함께 난징으로 가서 쑨원 총통을 직접 회견하고 한국의 멸망을 호소한 뒤 독립운동의 원조를 요청한 바 있다.

그런데 중국의 정세가 신규식과 중국 혁명파들이 기대하는 것과는 다른 방향으로 전개되었다. 즉 쑨원이 임시 대총통으로 즉위하자 위안스카이袁世凱가 청나라 황제를 퇴위시키고 자신이 총통이 되기를 희망한다는 소식을 들은 쑨원은 위안스카이와 타협하여 즉시 청제퇴위와 공화정을 선포하는 조건으로 위안스카이를 제2대 임시총통으로 당선시켰다. 그러나 쑨원의 기대와는 달리 정권탈취에만 급급한 위안스카이는 베이징병란을 일으켜 베이징에서 총통으로 취임한 뒤 제제帝制를 복구하고자 획책하여 1913년 3월 반원反袁세력의 중심인물인 쑹 자오런을 암살하였다. 이어 자신의 세력 강화를 위해 차관을 도입하고 중국혁명파의 힘을 약화시키는 음모를 꾀하자 1913년 7월부터 도원倒袁운동인 2차 혁명이 각처에서 일어났다.

신규식은 2차 혁명 발발 이전 몇몇 동지와 함께 천치메이를 방문하였다가 다시 무기를 들어야 한다는 말을 듣고 그를 도와 상하이 일대의 2차 혁명에도 참가하였다. 그러나 2차 혁명이 실패하자 천치메이 등은 일본으로 망명하게 되었고, 신규식도 위안스카이 정부의 주요 감시대상이 되어 외출도 자유롭지 못한 난처한 입장에 처하고 말았다.

이렇게 중국 혁명운동에 직접 참여하여 중국혁명파들과 함께 활동했던 신규식은 개인적으로도 그들과 친교를 나누며 상호 서신왕래 및 의논을 통해 서로의 혁명운동에 정신적·물질적인 도움을 주고받았다. 특히 쑹 자오런과 천치메이 등과는 매우 절친하게 지내 쑹 자오런이 피살

| 금란지교인 천치메이와 쑹 자오런

되었을 때에는 3일간이나 단식하여 침통한 애도의 정념情念을 표시할 정도였다. 그는 몇몇 한국지사들을 모아 추도회를 열었다. 또한 천치메이와는 정의가 서로 투합하고 우의가 두터워 그도 한국의 독립운동에 대해 더욱 열심히 '경심상조傾心相助, 일야분우日夜分憂'할 정도였으며, 경제적으로도 신규식을 많이 도와주었던 가장 절친한 혁명동지다. 후에 위안스카이가 천치메이를 살해했을 때도 자신의 안전을 염려하지 않은 채 위험을 무릅쓰고 가장 먼저 조문하였으며, 그를 기리는 추도시와 추도문을 지어 애통한 마음을 표현하기도 하였다. 다소 길지만 그 글을 소개해 둔다.

연사 천치메이 선생을 위한 제문(제문 앞에 서문을 적음)

영사 천치메이 선생은 중국국민당의 거벽으로서 식견이 탁월하고 재능이 기발하였으며 의론이 종횡무진하고 기상이 호매하였다. 그와 교제하는 사람들은 예외 없이 그가 사랑스럽고 존경할 만하다는 것을 감득하였다. 선생의 재능은 하늘이 부여한 것으로서 인간의 힘으로는 바랄 수도 미칠 수도 없는 것이다. 나는 제1차 혁명시기에 선생과 친교를 맺게 되었다. 그날 나는 험난한 먼 길을 지나왔고 또 울적한 마음을 풀 수가 없었다. 그런데 선생은 초면인데도 구면이나 다름없이 진심으로 대해주었다. 좀 오랫동안 사귀게 되자 선생의 포부를 대략 감지할 수 있었다. 선생은 파괴하는 데만 힘쓴 것이 아니라 건설사업이 용이하지 않다는 데 대해서도 고려하여 왔으며 중국에만 주의력을 돌린 것이 아니라 동아의 평화를 도모하는 것도 자신의 과업으로 삼아왔다. 민생을 염려하는 그 마음은 시시로 언론에서 발로되었을 뿐더러 교민을 보호하고 유학을 부조하는 데서도 발로되었다. 선생이 우리를 후대하여 주는 거동은 어디까지나 공리와 정의에 부합되므로 나에게만 개인적인 정의를 준 것이 아니다. 그런데 나와 교분이 유달리 두터웠으며 나는 당시 많은 사신들을 일일이 노트에 적어놓았었는데 선생을 추모하면서 지난날의 노트를 펼쳐보니 망연자실하지 않을 수 없다. 제2차 혁명이 실패한 후 선생은 일본으로 건너갔으므로 나와 왕래가 드물어졌던 것이다.

지난 겨울에 선생이 상하이로 돌아온 다음에야 또다시 한자리에 모여 앉게 되었다. 선생이 마지막으로 나에게 통신한 것은 바로 희생되기 전날이었으니 나의 답신을 받아보지 못했을 수도 있다. 나의 마음은 애통하다. 나는 개인적인 교분을 위해서 뿐만이 아니라 중국을 위해서 선생의 서거를 슬퍼하는 것이다. 내가 심절하게 상념하고 있는 것은 바로 이것이다. 그리하여 제문을 올리는 바이다.

공은 슬기로웠고 / 자태가 영매했으며
대국의 안위를 / 한 몸에 지녔어라
오래 사귀노라니 / 희망이 끝없었고
일심으로 협력하여 / 난국을 이겨냈다네
야망을 품은 자가 / 분별없이 날뛰니
공은 국난 앞에서 / 개혁을 실행했어라
개혁은 도탄 속에서 / 헤매고 허덕이거니
능력이 제한되어 / 도움을 청했도다
변고 많은 중국에 / 뒤늦게 찾아왔다만
심후한 인정을 / 어찌 저버리랴
사태가 급박하여 / 눈물을 흘리면서
애달픈 심정을 / 달래주기 바라는데
악귀의 모략으로 / 독수에 걸렸구나
천민의 어질음은 / 담담하고 가긍한데
사자는 사라졌으나 / 충신을 알고 있다네
철인은 세상 떴으니 / 슬픔이 북받치네
각국은 사욕 채우는데 / 정초자 그 누구이뇨
애도자는 사유할 / 겨를이 없구나

날개가 꺾이었느니 / 어느 누가 부축하랴
비보에 접하여 / 창자가 끊어지고
정분을 생각하니 / 눈물이 쏟아지네
이 땅에 둔 몸은 / 나그네와 다름없는데
암담한 풍운은 / 가실 날이 없구나

그가 전한 절절한 마음은 중국 혁명동지들과 혁명운동의 동지를 넘어서 인간적인 유대로 결속되었으므로 서로에게 경제적 혹은 정치적인 협력을 쌓는데 굳건한 기초가 되었다. 그의 이러한 인맥 쌓기가 자신의 사적인 필요 때문이 아니라 한국혁명으로 가는 지름길을 찾으려는 열망에서 비롯된 것임은 재론할 필요가 없다. 이렇게 구축해 나간 중국 혁명지사들과 맺은 개인적 친분은 한국 독립운동의 지지기반을 마련하는 데 적지 않은 역할을 했다. 그 결과 쑹 자오런·천치메이·황싱 등 친분있던 인사들이 죽은 이후에도 협조적인 유대가 이어졌으며 중국의 국민당 정부가 한국독립운동을 지원하는 중요한 배경이 되었다.

신규식은 중국 혁명운동가들과 다양한 경로로 인연을 맺어 한국 독립운동의 지원군으로 만드는데 물심양면으로 애쓰는 한편, 당시 중국동맹회 회원을 비롯한 혁명지사들이 활동하던 문학단체인 남사南社에 가입하였다. 남사는 1909년 11월 13일 발기된 문학단체로서 문자혁명을 표방했으나 실제로는 만청滿淸정부를 반대하면서 혁명운동을 도와 혁명사상을 고취시키고자 한 혁명적 성격의 조직이었다. 실제로 남사의 사원 중에는 중국동맹회 회원들이 많았으며 쑹 자오런이 참여하면서 중국동맹회와 긴밀한 관계가 형성되었다. 쉬쉬에얼·천치메이 등도 남사의 일원으로 활약하였고, 남사의 본부격인 연락처 역시 민립보사에 두었다. 이처럼 남사는 『민립보』 및 중국동맹회와 연계되어 중국혁명운동에서 중요한 역할을 담당했던 단체였다. 신규식은 이 점을 중시하여 1913년 말~1914년 초쯤 남사에 가입하였다. 그는 남사 회원인 주샤오빙朱少屏 등의 추천을 받아 외국인으로서는 유일하게 정식회원이 되어, 문학 활동을 통해 중국 혁명지사 및 문인들과도 폭넓게 교류할 수 있는 통로를 확보하였다.

1914년 8월 신규식은 처음으로 남사의 회합인 아집雅集에 참석하였다. 신입회원을 소개하는 자리에서 사회자는 "이분의 이름은 성檉, 자는 산노汕盧, 요령인으로 원적은 조선이며, 삼한이 망국하게 된 비참을 통분하여 집을 떠나 서쪽으로 와 독립운동에 전력을 다하였습니다"라고 그를 소개하면서 그의 독립운동을 높이 평가하였다고 한다. 남사에서의 활동은 활발한 편은 아니어서 비정기 출판물인 『남사총각』에 1915년 3월 부록으로 「신예관과 동사제자서」가 있으며, 시집 『아목누』 중 「남사에 드림」과 「남사 11차아집시아자」가 수록되어 있을 뿐이다.

신규식이 가입한 궁극적인 목적이 문학활동이 아니라 중국혁명가와 협조적인 중국인들과 교류를 확대해 한국독립운동의 지지 세력으로 확보하려는 데 있었음을 확인할 수 있는 사례다. 더구나 이 시기는 중국혁명에 참가했던 때와는 달리 신규식이 상하이에서 독립운동단체를 조직·운영하면서 새로운 독립운동기지를 구축하는 데 주력하던 때이므로 활동이 미진할 수밖에 없었다.

| 신규식 사진(뒷줄 왼쪽 세번째)

    남사와 관련을 맺는 한편으로 신규식은 환구중국학생회寰球中國學生會에 도 가입하여 리덩휘李登輝·탕원즐唐文治·왕페이쑨王培蓀·위르치余日奇·주지아화朱家驊 등과 접촉할 기회를 만들어갔다. 이 학생회는 리덩휘가 1905년에 중국유학생의 취업을 알선하기 위해 발기한 조직이다. 이 단체는 상하이를 거쳐 출국하거나 귀국하는 중국유학생들의 일자리를 마련해 주기위해 만들었는데, 1914년 리덩휘가 미국으로 떠나자 주샤오빙이 그 책임을 맡게 되었다. 이 학생회는 중국학생들의 유학알선·직업지도·교육 기능 등을 관장하였다. 신규식이 이 단체에 언제 가입하였는지 확실히 알 수 없으나 리덩휘와 사귀었다는 『전기』의 기록으로 보아 그가 미국으로 떠나기 전인 듯하며, 신규식이 이 학생회와 같은 목적에서 박달학원을 설립한 시기가 1913년 말인 점 등을 고려해 보아도 대체로 그 시기로 추측할 수 있다.

    신규식은 망명 이전부터 그 위상을 잃어가는 조국과 민족을 구하고 국가의 자주독립을 되찾기 위한 중요방책 중 하나가 바로 인재양성임을 경험한 바 있으므로 망명 이후에도 이를 독립운동의 한 방략으로 채택하였다. 실행 방안으로 환구중국학생회와 같은 한인학생의 유학알선과 교육 기능을 담당할 기구로 박달학원을 조직하였던 것이다. 신규식은 이 조직을 보다 효율적으로 운영키 위해 환구중국학생회에 가입하여 중국인과 중국인 단체의 조직적 협조를 확보할 수 있는 길을 열었다.

이상과 같이 독립운동의 불모지였던 상하이에 망명한 신규식은 신해혁명을 비롯한 중국혁명운동에 직접 참여하여 한국독립운동에 대한 그들의 관심을 제고시키는 한편, 그들을 지지 세력으로 확보하여 한·중우호 협력의 기초를 튼튼히하면서 독립운동기지 설립의 초석을 마련할 수 있었다.

상하이에 한국독립운동의 터를 닦으며

신규식이 상하이에서 독립운동기지 구축을 위해 중국 혁명운동에 적극 협조하는 동안 독립운동가들도 중국혁명의 진척에 자극받아 점차 상하이로 모였다. 또한 조국 광복에 뜻을 둔 청년들도 많아져 조직적으로 독립투쟁을 주도해 나갈 단체가 필요하게 되었다. 이에 신규식은 1912년 5월 20일(음력) 동제사를 결성하였다.

동제사는 비밀결사였기 때문에 결성 당시 조직형태·규모·정강 등을 파악할만한 자료가 없다. 따라서 실체의 규명은 어려우나 신규식 이외에 박은식·김규식·신채호·홍명희·조소앙·문일평·신건식·조성환 등이 동제사를 이끈 중심 인물로 밝혀졌다. 동제사의 '동제'는 원래 '동주공제同舟共濟'를 줄여 쓴 것으로, 모두 한 마음 한 뜻으로 같은 배를 타고 피안에 도달하자는 뜻에서 알 수 있듯이 그 결성목적은 인간의 친목융화·간난상구艱難相救를 표방하였지만 실제로는 국권회복이 진정한 목표였다.

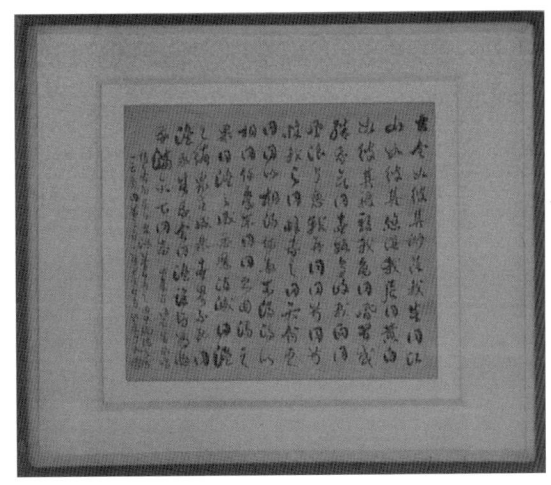
| 신규식의 동제사 창립 취지문

동제사의 조직구성은 본부와 지사를 두었는데 본부는 상하이에, 지사는 베이징·톈진·만주 등 중국 지역과 노령 이외 구미·일본 등지에 설치되었고, 본부조직에는 이사장과 총재를 두며, 지사에는 사장과 간사를 두었던 것으로 파악된다. 그후 조직이 점차 확대되어 전성기에는 가입회원이 300여 명에 달할 정도로 발전하여 조국광복운동의 중심기구 역할을 담당할 수 있게 되었다. 동제사의 회원은 가입할 때 비밀을 맹약하고 이를 엄수하여 간부 상호간에는 암호를 사용하여 왕래하였다는 기록으로 미루어 볼 때 상당정도의 조직력을 갖춘 비밀결사였음을 짐작케 한다.

동제사 본부의 이사장은 신규식이 맡고 총재는 박은식이 담당하여 운영의 중추가 되었다. 그 외에 동제사 회원으로 활동했다고 파악된 사람은 다음과 같다.

신채호, 홍명희, 조소앙, 문일평, 박찬익, 조성환, 신건식, 농죽, 김용호, 신철, 신무, 민제호, 김갑, 정환범, 김용준, 민충식, 윤보선, 이찬영, 김영무, 이광, 신우창, 한진산, 김정, 김덕, 변영만, 민필호, 김규식, 신석우, 여운형, 선우혁, 서병호, 조동우, 장건상, 정원택

한국독립운동사에서 이름을 알린 많은 이들이 당시 동제사의 회원이었으며, 이들은 초기 상하이 지역에서 신규식과 독립운동기반을 다졌던 사람들이었다. 물론 동제사가 실제로 어떻게 활동했는가는 자료부족으로 파악이 불가능한 실정이다. 다만 단편적으로 10여 일에 걸쳐 총회를 개최하였던 기록과 동제사 창립 1주년, 2주년 기념식을 거행하였다는 점으로 미루어 비교적 활발히 활동하였던 것으로 짐작된다. 또한 구미·일본 등지에 지사가 설치되고 회원이 300여 명에 이르렀으므로 각 지사를 중심으로 지역별 투쟁을 전개함과 아울러 지사 상호 간의 연락·정보교환 등을 통해 분산된 지역의 독립운동이 통할될 수 있었을 것이다. 즉 상하이본부가 이를 주도하여 지사의 사원을 통해 각지에서 독립운동을 유기적으로 연결시킬 수 있던 핵심적 단체였다고 보인다. 동제사의 주요인사인 신규식·박은식·조성환 등이 북미합중국과 미국령 하와이 지방에서 보내주는 『신한민보』·『국민보』 등을 받아서 안동현으로 보내면, 안동현의 박광朴洸·백세빈白世彬 등이 이를 다시 비밀리에 국내로 배포했던 것은 아마도 각지의 동제사 지사를 활용한 정보전달의 한 경로

였음을 짐작케 해준다. 이 신문들은 민족의 대변지를 자처하며 자주독립과 국권회복에 관한 기사와 국내소식 그리고 미주 동포의 근황을 다루는 다양한 정보제공의 통로였다.

상하이에서 조직된 최초의 독립운동 단체인 동제사가 지향한 독립운동방략은 이 조직을 이끌어 간 중심인물의 독립운동론을 통해 엿볼 수 있다. 신규식을 위시한 동제사의 핵심인물인 박은식·신채호·조소앙 등은 시민적 민족주의사상·대동大同사상을 정치사상으로 하며, 국혼國魂을 중시하는 민족주의적 역사관과 대종교의 국가적 신앙을 공통으로 가졌던 점으로 보아 동제사의 기본 이념과 독립운동 방략도 이와 크게 다르지 않을 것이다.

동제사는 상하이에서 결성된 한국 독립운동단체의 효시로서 이후의 단체결성 및 이 지역의 독립운동 전개에 직접·간접으로 영향을 주었다. 또한 동제사의 협력단체인 신아동제사新亞同濟社를 통한 중국혁명세력의 지원도 확보할 수 있었다.

신규식이 순국한 1922년 9월 이후는 박찬익이 동제사 이사장직을 이어받아 조직을 이끌어 갔다.

동제사 결성을 계기로 한인사회의 결집력을 강고히 할 기초를 다진 이후 신규식은 중국 혁명동지인 천치메이 등과 비밀결사 신아동제사를 조직하였다. 이 조직의 결성 취지는 전적으로 한국독립을 위한다는 기본 목적하에서 한국과 중국의 혁명운동가를 연결하고, 양 국민의 우의를 증진시켜 상호협조 속에서 혁명운동을 전개하자는 데 있다. 신아동제사가 1912년 말에서 1913년 초에 창립되었는데, 정확한 창립 시기는 알 수 없으나 동제사와의 연관성으로 보아 동제사 조직 이후 회원인 쑹자오런이 피살당했던 1913년 3월 이전으로 보인다. 확실히 이 시기는 당시 중국의 혁명운동사에서 중국동맹회의 세력이 매우 강했던 때였다. 동맹회의 중심인물인 천치메이가 신아동제사의 감독을 맡게 되어 혁명파 다수가 동 단체에 가입하게 되었다. 쑹 자오런·천치메이·후한민胡漢民·랴오중카이廖仲愷·조우루鄒魯·다이지타오戴秀陶·천궈푸陳果夫·쉬지엔徐謙·장푸취엔張傳泉(장계張繼)·취잉광屈暎光·우티에청吳鐵城·인두리殷女驪·장지에란張季鸞·후린胡霖·바이원웨이柏文蔚·뤼티엔민呂天民·탕사오이唐紹儀·탕루위엔唐露園·황지에민黃介民·양춘스楊春時·장징지앙張靜江 등이 그 회원이었다.

이들 중 쑹 자오런·랴오중카이·천치메이·다이지타오·후한민·조우루·바이원웨이 등은 중국혁명동맹회 회원으로 신해혁명에 적극 가담한 인물들이다. 또한 이후 쑨원이 주도했던 광둥 정부에서 랴오중카이는 재정차장, 우티에청은 광둥대원수부 참모, 쉬지엔은 쑨원의 비서장, 뤼티엔민은 사법부장, 탕사오이는 재정부장 등으로 활약한 바 있다. 천치메이의 조카인 천궈푸·우티에청·다이지타오 등은 국민당 정부에서 지도적인 인물이었으며, 후린과 장지에란은 상하이의 신문인으로 언론 선전으로 한국독립운동을 적극 지지하였다. 이처럼 중국 혁명운동의 중심인물들과 혁명을 지지하는 언론인들로 이루어진 신아동제사가 어떤 활동을 전개했는가는 분명치 않지만, 동제사의 독립운동을 지원키 위한 양국 혁명가들의 협력단체로 평가되고 있다.

따라서 이 단체는 한국 독립운동의 전개를 위한 한·중 양국 혁명운동의 상호 협조기관으로서 최초의 조직이었다는 데 그 역사적 의의가 있다. 또한 회원인 다이지타오戴季陶·후한민·조우루·우티에청·천궈푸 등은 당시 중국 혁명세력의 주류를 이어왔으며, 랴오중카이·탕사오이 등과 함께 중국 혁명정부의 중추세력이 되었다. 그러므로 대한민국임시정부가 수립된 후 이들의 연계가 중국 혁명정부와의 긴밀한 유대로 이어질 수 있었다.

    신규식은 상하이 망명 후에도 독립운동의 기반 확대와 활성화를 위해 청년교육에 주력하였다. 신규식은 우선 중국 혁명지사들과 친분관계를 활용하여 한국청년들을 위해 중국 각 학교에 입학을 주선해 주고 유학 및 그에 필요한 제반 여건 마련에 동분서주하였다. 한 예로 정원택鄭元澤의 경우 베이징 유학 계획을 변경하여 상하이에서 공부하게 된 연유가 '상하이에서 신규식이 다소 유학생을 통솔하고 계시니 제반사가 편의하리라는 친지의 충고에 따른 것'이라고 한 사실로도 그의 활동상을 엿볼 수 있다. 그 외에도 그는 동생인 신건식申健植과 김용준金容俊은 우송노광학교吳淞路鑛學校에, 정원택과 채형묵蔡亨黙은 우상중학務商中學에 입학할 수 있도록 손을 써 주었다. 또한 1913년 12월에 상하이에서 신규식을 만났던 이광수가 '예관은 우리가 있던 집보다 더 큰집을 얻어 7~8명의 학생을 유숙시켰으며 …… 신채호·김규식 씨도 예관 댁에 기거하고 있었다. 이를테면 이때 예관은 상하이뿐만 아니라 강남일대 조선인 망명객의 본거지였다'고 회고한 점으로 미루어 그를 따르는 청년학도가 적지 않았으리라 짐작된다. 상하이 지역에 모이는 한국 청년들이 늘어나자 신규식은 보다 체계적인 교육과정이 필요하다는 판단하에 전술한대

| 신규식과 박달학원 학생

로 환구중국학생회에 가입하여 현지에서 청년교육을 위해 중국인들과 협조체제를 이루고자 꾀하였다.

또한 신규식은 상하이 지역 한인사회의 주춧돌이 될 청년들을 독립운동의 예비군으로 정비하기 위한 기초작업에 착수했다. 우선 그는 동지들과 상의하여 1913년 12월 17일 상하이 프랑스조계 내 명덕리에 박달학원을 개설하여 청년들을 수용하고 체계적인 구국교육의 첫 발을 내딛었다. 그는 청년들이 진정한 독립운동의 혁명세력으로 성장하기 위해서는 중국이나 미주의 정식학교 교육을 받아야 한다고 판단하였다. 따라서 이 학원은 중국이나 구미유학에 필요한 기초적인 내용을 습득시킬 목적에 걸맞게 입학예비기관으로 출발하였다. 따라서 그 교육내용은 영어·중국어·지리·역사·수학을 교육과목으로 정하고, 대개 1년 반을 수학기간으로 하였다. 박달학원의 선생은 중국어 교사인 조성환을 비롯하여 박은식·신채호·홍명희·문일평·조소앙 이외에 중국인으로 혁명운동가 농죽 선생과 미국계 화교 마오따웨이毛大衛 등이 있었다. 또한 학원 내에 구락부를 조직하고 규칙을 제정하여 각 학생간의 친목을 도모하고 학원의 기강을 세우는 등 비교적 체계를 갖춘 교육기관의 면모를 갖추었다.

교육을 시작한 박달학원은 3기에 걸쳐 졸업생 100여 명을 배출하였으며, 신규식 등은 그들이 지원하는 바에 따라 중국 각 대학과 구미에 유학을 보내거나 학자금을 알선해 주었다. 예컨대 이범석李範奭은 1916년 가을 탕지야오唐繼堯의 주선으로 4명의 학생과 함께 윈난雲南 육군강무학교에 입학해 소정의 교육을 마치고, 졸업 후 무장 독립군의 중추적 인물로 성장하였다. 그외에 4·19 후 과도정부의 수반이었던 허정許政 씨는 '신규식 선생과 장지(장부천) 씨간의 협조로 유법검학회留法儉學會의 유학생들 틈에 끼어 1919년 11월 한국청년 6명이 프랑스로 유학갈 수 있게 되었다'고 회고한 바 있다.

또한 신규식은 육군무관학교 출신으로 무력을 중시했으며, 『한국혼』에서 밝힌 대로 피흘림, 즉 무력투쟁론을 찬성하는 입장이므로 군사교육 또한 소홀히 하지 않았다. 그러나 상하이의 여러 가지 여건상 직접 군사교육을 실행키 어렵다는 판단하에 그는 중국의 탕지야오의 협조를 얻어 한국학생을 바오정군관학교·텐진군수학교·난징해군학교·후베이강무당·윈난군수학교 등 중국 군사학교에 보내 약 10년간 100여

명의 졸업생을 배출시켜 무장투쟁의 예비군을 양성시키는 성과를 거두었다.

이처럼 신규식은 상하이지역에 선구적으로 박달학원의 설립하여 독립운동의 중추가 될 인재를 양성하였으며, 실제로 이들은 교육을 마친 후 각지의 독립투쟁에서 독립사상을 고취시키고 항일운동에 지도적인 역할을 수행해 냈던 것이다.

신규식을 대종교로 이끈 이는 대종교를 개창한 나철이었다. 그와 인연은 앞서 본 바와 같이 1910년경 자결하려던 자신을 구한 이후, 서로 속을 터놓고 결의형제를 맺은 사이였다. 또한 그는 해외 망명 이후 대종교 교단의 일원으로 나철과는 종교적으로, 독립운동 동지로 결속되어 있었다. 그러던 나철이 1914년 만주로 교단 본부를 옮긴 후 일제의 대종교 탄압에 항거하고자 1916년 8월 15일 절명하자 한스러운 마음을 시로 담아냈다.

「라공 홍암 신형을 추도하여(병진년)」에서 홍암을 노래하여 '마음은 백옥 같고 의지는 강철같거니, 무진 애를 쓰며 나라일 근심했어라. 맹약 어긴 죄를 정의로이 힐문하고 체약한 간신(을사오적)을 날카로이 단죄했도다. 투옥되어도 중생의 고통이 기막히고 대신으로 중형을 받아도 태연하였네'라고 그의 나라사랑을 기렸다. 또 그와 인연을 추억하며 '어제 날 10년 동안 서로 속을 터놓고, 비바람 속에서 결의형제를 맺었어라. 목숨 살린 은혜 다소나마 갚으려는데, 3개조의 절명사를 차마 볼 수 없구나'라고 하며 나철의 죽음을 안타까워했다. 이어 '유서를 받들어 읽으니 눈물 절로 떨어지누나. 춘풍화우의 그 말씀 완악한 무리를 움직이오니, 외로운 충성 언제나 이 겨레 생각하시고, 큰 도는 가이없어 중생을 구제한다네. 원수들 말하기를 강한 적수 제거했는데, 우리들 무엇으로 신명에 보답하리요'하고 늘 충성 다해 나라를 걱정하고 중생구제를 소망했던 그의 뒤를 따르고자 다짐하였다.

나철과 대종교에 대한 신규식의 믿음은 「센양에 묵으며 느낀 바를 적어 홍암에게 보낸다」, 「홍암선생에게」, 「라공 홍암 신형을 추도하여」, 「무오년 가배일에 홍암 대종사를 추모하여」, 「홍암선생을 위한 추도문」 등 그가 남긴 여러 시 속에서도 기도와 기원으로 표현되었다.

신규식은 대종교를 만나 믿음이 깊어지면서 영적으로 성숙해져 갔다고 할 수 있다. 하지만 그의 믿음 깊은 곳에는 잃어버린 나라, 단군으로 상징되는 조국을 되찾으려는 몸부림이 대종교와 만남을 통해 단군이 독립운동의 구세주로 승화되는 과정과 깊이 연결되어 있음도 사실이다.

그는 조국을 떠나 타국에 살면서 단군초상화와 한국지도는 항상 지니고 다니며 매일 기도하였다고 전한다. 그리고 아무리 바빠도 매일 새벽과 밤이면 우리나라 개국의 성조인 단군의 신상神像을 향해 향을 피우고 두 차례 절하고 묵념하며 하루 빨리 혁명을 완수해 조국을 되찾고 노예상태에 있는 동포를 구할 것을 기원하였다.

이렇게 극진한 그의 단군숭배는 역시 독실한 대종교신자로서 신앙심을 발현한 것이기도 하지만 그에게 단군은 종교 이상의 의미였다. 신규식은 대종교는 대한의 민족정신이 깃들인 종교로, 한국민족의 부흥은 대종교의 발전과 병행된다고 확신하여 한국광복운동을 일종의 종교이자 신앙으로까지 인식한 것이다. 그리하여 그는 대종교를 정신적 지주로 삼아야만 한국혁명에 헌신할 수 있다고 확신하였다.

이러한 믿음에서 상하이에 도착한 후 우선 대종교를 열심히 포교하였으며, 스스로 매주마다 교우들과 예배를 드렸다. 당시 중국에서 대종교를 이끈 사람은 신규식 외에 조완구·김백연金白淵·백순白純·박찬익·정신鄭信 등 여러 명이었다. 대종교에서는 매년 3월 15일 어천절御天節과 10월 3일 개천절을 기념하는데, 신규식 역시 어천절과 개천절은 물론 8월 29일 국치國恥기념일에는 반드시 상하이에 있는 모든 한국 교포를 모아 성대한 '기념식'을 거행하고 그날의 의미를 되새기고자 하였다. 그리하여 나라를 상실했다는 뼈 아픈 기억을 잊지 않고 기억하면서 나라를 되찾겠다는 다짐을 하도록 국치일에 통한의 '기념식'을 하였던 것이다. 후에 중국 동삼성東三省 당국이 대종교의 시교당施敎堂을 폐쇄하는 사건이 일어났으나, 신규식과 박찬익이 중국 당국과 힘써 싸우고 옳은 바를 주장하며 한국 교포를 옹호하여 대종교 자체에는 침범하지 못하고 일이 잘 마무리되었다.

제1차 세계대전 시기 한국독립운동세력을 하나로

1914년 제1차 세계대전이 발발하자 전쟁의 영향권 내에 들게 된 러시아와 중국은 자국의 정책 변화에 따라 기존의 대한인 정책을 철회하고, 그곳에서 활동 중인 합법적인 독립운동단체까지 해산시키기에 이르렀다. 그 결과 제1차 세계대전 전까지 러시아령·서북간도 등 각지의 한인독립운동기지에서 독자적으로 한인자치 및 독립운동을 주도하던 단체인 연해주의 권업회·대한광복군정부, 북간도의 간민회 등이 이 시기를 전후해 해산당하게 되었다. 또한 서간도의 부민단과 신흥학교도 경영상 어려움으로 활동이 봉쇄당할 지경이었다. 이에 따라 1910년을 전후해 해외로 망명한 애국지사들이 심혈을 기울여 이루어온 국외 독립운동기지화 계획과 독립전쟁에 대비해 양성해 오던 독립군 양성계획이 난관에 봉착하게 되었다.

이러한 곤경에 직면한 독립운동계 일각에서는 오히려 당시의 국제정세를 분석하여 유럽에서 유리하게 전쟁을 강행하던 독일의 승리를 예견하고 이후의 정국이 독립을 만회하는 데 유리할 것이라고 전망하였다.

1915년 상하이에서 결성된 신한혁명당도 이 정국을 독립전쟁론 실현을 위한 가장 좋은 기회로 파악하여 각지에서 해체된 기존단체의 독립운동역량을 재정비·결집하여 독립운동에 새로운 활로를 모색코자 시도하였다. 다시 말해 신한혁명당은 제1차 세계대전 발발과 국외 독립운동단체의 해산을 계기로 결성되었다고 할 수 있다.

1914년 제1차 세계대전이 발발하자 일본은 8월 독일에 선전포고하고 중국대륙으로 진출한 뒤 1915년 1월 중국에 산둥성의 독일이권에 대한 21개조 요구를 제시하면서 점차 침략의 기치를 드높였다. 그 여파로 중·일 개전설, 러시아 내에서는 러일전쟁 재발설 등이 널리 유포되어 표면적으로 중·일, 러·일간의 관계가 악화되는 상황으로 전개되었다. 더구나 종전의 결과를 독일의 승리로 전망했던 독립운동계에서는 그에 따라 적절히 대처하는 방안을 암중모색하게 되었던 것이다.

우선 시베리아 지역의 경우 1914년은 러일전쟁 발발 10년이 되는 시점이며 아무르철도의 준공예정 등의 상황을 염두에 두면서 하급군인들을 중심으로 러·일전 재발에 관한 소문이 널리 유포되었다. 따라서 권업회의 이동휘 등 중심세력은 러·일전 발발을 독립운동 전개의 기회로 삼고자 무기 및 자금모집에 주력하였다. 그러나 불행히도 제1차 세계대전 이후 러시아는 독립운동계의 예상과 달리 일본과 동맹관계를 맺고 이후 한인의 독립운동을 탄압하는 정책으로 전환하고 권업회 등을 해산케 하였다. 이때 이동휘를 비롯한 독립운동가들은 러시아 지역을 떠나 간도나 북만주 등으로 이동하였는데, 북만주로 이동한 이동휘·이종호 등은 서북간도와 러시아령의 운동세력과 상호연락을 취하면서 새로운 활로를 찾고자 하였다.

한편 북간도 지역 역시 간민회 주도세력을 중심으로 이 시국을 국권회복의 적기로 파악하고 독립회복의 거사를 도모하여 1915년 3월경 이동휘·황병길 세력은 훈춘방면을 근거로 활동하고, 간민회원이던 이봉우·윤해 등은 국자가 방면을 중심으로 활동하였다. 이들은 중·일관계가 악화되면 간도가 군사요충지가 될 것이란 판단하에 지금이 생사성패를 결정할 시기라 여겨 거병계획을 세웠다. 이어 4월 하순 중·일교섭 결렬이 임박했다는 보도를 듣고 비밀집회를 열어 암살대 조직, 군자금 모집계획을 세우고 실천에 옮기기 시작하였다. 또한 훈춘에서도 중국군과 연합해 일제와 대항할 계획을 진행시켰다. 이러한 움직임은 국내에서도 있었다. 일본의 대독선전포고 소식이 알려지자 일본의 패망을 예상하고 그에 따른 국제정세 변화로 독립이 가능하리라 전망한 이들을 중심으로 민중운동실현계획이 수립되기도 하였다.

이와 같이 당시 각지의 독립운동계에는 제1차 세계대전 발발과 일본의 참전을 독립을 위한 절호의 기회로 생각하던 분위기가 고조되어 있었다.

이런 배경에서 각지의 움직임을 연합하려던 노력이 상하이에 모인 독립운동가들에 의해 결실을 보게 되었다. 권업회의 해산으로 상하이로 이동한 이상설을 중심으로 상하이 지역의 신규식·박은식, 베이징 지역의 유동열·성낙형, 그외 이춘일·유홍열 등과 북간도의 이동휘, 간민회를 이끌던 이동춘 등이 합세하여 단일 운동조직을 출범시킬 계획에 합의한 것이다. 이들은 제1차 세계대전 발발 및 일본의 참전이란 국제정세를 독립만회의 기회로 포착하여 당시의 정국을 예의 주시하면서 전쟁은 독일이 승리로 마무리 될 것을 확신하였다. 이어 독일은 '구주전쟁'에서 승리한 후 그 '봉鋒'은 동양으로 향해 반드시 일본을 공격할 것이며 중국 역시 독일과 연합할 것으로 전망하였다. 아울러 영국·미국·러시아 등도 이에 합세하므로 일본의 고립은 명약관화하므로 이를 독립의 적기로 판단한 것이었다. 이런 판단하에 독립전쟁론 실현을 위한 조직을 결성하게 되었다. 그리하여 1914년 말 상하이에 모인 각 지역의 대표들은 비밀결사조직을 결의하고 그 명칭·조직의 성격·활동방향에 관해 잠정합의하였다. 이 결정에 의거해 성낙형이 중심이 되어 동지규합, 각 지역의 조직기반 활성화, 국내조직과 연결망 구축 등 사전준비 작업을 신속히 전개해갔다. 이를 바탕으로 1915년 3월 이상설 등 각지 독립운동가들이 상하이 영국조계 서북천로 학숙에 모여 조직기구·임원선출을 완료하고 규칙과 취지서를 작성함으로써 정식으로 신한혁명당이 출범하였다.

신한혁명당의 조직은 본부와 지부로 구성되었다. 본부는 베이징 서단패루西單牌樓 김자순金子順의 집에 설치하였으며, 본부에는 재정부·교통부·외교부를 두었다. 지부에는 지부장을 두고 각기 당원을 파견해 중국과 국내의 중요지역에 설치하여 재정·통신·연락·당원모집 등 주된 업무를 담당케 하였다. 본부와 지부조직을 보면 다음과 같다.

본부장 : 이상설, 재정부장 : 이춘일, 교통부장 : 유동열, 외교부장 : 성낙형, 감독 : 박은식

지부 중국 상하이 - 신규식, 한커우漢口 - 김청구(김위원) : 장춘 - 이동휘 : 옌지현 - 이동춘 : 펑텐 : 안동부

국내 경성 : (란회 조직 활용) : 평양 - 정환준鄭桓俊 : 회령 - 박정래朴定來 : 나남 - 강재후姜載厚 : 원산

당 조직은 완료되었으나 보다 중요한 당수 결정이란 문제가 남았다. 혁명당의 주도세력들은 신중한 논의 끝에 장차 동맹관계를 맺게 될 중국과 독일이 모두 군주정치를 표방하는 점을 고려해 구황실의 한 사람을 맹주로 할 것을 결정하고 광무황제를 당수로 추대하였다. 신한혁명당의 주도세력들이 광무황제를 당수로 추대하고 군주정치를 표방하였던 방략에서 이 당을 일개 독립운동단체가 아니라 독일·중국과 동맹을 맺고 일본에 대한 독립전쟁 수행을 위해 한국을 대표하는 정부적인 성격의 단체로까지 발전시키려한 의도를 읽을 수 있다. 이같은 목적 달성

을 위해 자신들이 주장해 오던 공화정치도 잠시 유보해 둔 채 보황주의적 방략을 채택한 점은 주목할 필요가 있다.

신한혁명당은 그 운영자금을 중화혁명당의 예에 따라 기부나 모집으로 충당하는 방식을 취했다. 단 부득이한 경우 해적이나 강탈의 방법까지도 용인하고 있어 군자금 모집의 절박한 사정을 알 수 있다.

신한혁명당을 이끈 주도세력은 대부분 국내에서 계몽운동에 적극 참여하여 국권회복운동에 주력하다가 국권이 상실된 시기를 전후해 러시아·만주 등지로 망명해 구국투쟁을 전개하던 인물들이었다. 예컨대 북간도·상하이·시베리아 등지의 한인사회를 기반으로 문무겸비교육을 실시하는 한편 간민회·권업회·동제사 등을 조직하여 한인사회의 결속과 자치 및 독립운동을 추진하던 각지의 지도급 인사였던 것이다.

하지만 제1차 세계대전을 계기로 단체는 해산당하여 기존활동의 저지 및 운동기반의 상실이란 위기에 직면하게 되었다. 이들은 해산된 운동단체들의 역량을 재결집할 비밀무형의 결사단체를 결성할 필요성을 통감하였다. 그 결과 운동노선·이념 차이를 극복하고 광무황제란 상징적 존재를 당수로 추대하고 민족독립 쟁취란 공동목표 달성을 위해 신한혁명당을 탄생시킨 것이다.

신한혁명당에서 가장 역점을 둔 방략은 유사시 한국 독립전쟁이 발발할 경우 그 수행에 필요한 군비를 정비해 두는 것과 외교적 측면에서 독일의 보증하에 중국과 군사원조동맹인 '중한의방조약中韓誼邦條約'을 체결하는 계획이었다. 우선 독립전쟁 수행을 위한 무장준비계획은 군비확보와 국내 국경지역 진공계획 수립으로 이루어졌다. 이 계획은 '구주전쟁'에서 독일이 승리한 뒤 동양으로 진출하면 일본에 대한 공략이 시작되며, 이 경우 연합체제가 구축될 것이므로 우리의 독립군도 각국과 연합해 독립전쟁을 감행해야 한다는 전제에서 마련되었다. 전쟁수행에 필요한 군비의 조달은 기존에 정비되어 있던 대한광복군 정부의 독립군과 무기 등을 기반으로 하여 보다 신속히 조성될 수 있었던 것이 아닐까 추측된다.

신한혁명당 당원인 유홍열이 국내조직원 변석붕에게 보낸 서신 중 "노령, 지나령 재류동지수와 총기탄약수"에 관한 정보 및 군사암호와 유사한 부호들이 첨부되어 있어 신한혁명당의 군비에 대한 준비가 일정한 진척이 있었던 것으로 파악된다. 이 정보에 따라 국외에 편선된 각지역 독립군 가용인원과 주무자를 간단히 살펴보자. 크게 세 지역으로 나누어 만주 시베리아 미주지역의 무장규모를 정리하였는데 동삼성내 지린의 주무자는 성낙형이며 재류동지수가 26만여 명에 신식창탄 다수를 소유한 것으로 되어 있다. 지린 휘하 푸송현(5,300인)과 왕청현(19,507인)과 통화현·회인현·집안현(39,073인) 및 하얼빈의 인원수와 무기수치를 밝혔다. 다음으로 시베리아 주무자는 이상설이며 장비는 29,365인과 창탄 13,000개와 탄약 50만 과顆가 준비되어 있다고 보고하였다. 마지막으로 미국지방 주무자는 박용만으로 여기에는 학생무관교련 850명과 군함이 있다는 정보였다.

물론 이 정보에는 당시 해당지경의 재류동포 수를 모두 전시동원인력에 포함시킨 동당의 의도가 담겨 있다.

자료상의 병력·탄약수 등은 신빙성이 없어 그 실세 파악이 어려우나 지역별로 어느 정도 훈련 무장된 독립군이 편성되었던 것으로 생각된다. 이 무력을 근간으로 국내로 국경진공계획도 수립하였다.

그럼 왜 신한혁명당 세력들이 중국과 독일을 동맹세력으로 선택했을까 하는 의문이 든다. 이에 대해서는 신한혁명당을 이끈 세력들이 남긴 자료를 통해 그들이 당시의 국제정세와 각국의 세력판도를 어떻게 이해했는지를 파악할 수 있다. 그들이 생각한 당시 국가 간의 힘의 구도는 다음과 같다.

① 러·일관계(러·일밀약의 효력이 취소될 전망)

일본의 흥망에 중대한 중·러협약이 성립되고 내몽골의 독립이 취소될 것이다. 러시아는 3차 러·일밀약 체결 이후 몽골을 독립시켜 보호국화하여 세력권을 확장하려던 중 대전의 반발로 연합군에 가담하였다. 이에 일본은 러시아의 관심이 소홀한 틈을 타서 이를 보호국으로 만들려는 야심에서 21개조에 내몽골을 포함시켰다. 이 때문에 러시아는 러·일 밀약을 취소하고 양국은 적대관계로 변화할 것이다.

② 영·일관계(영·일동맹이 위험한 이유)

영·일동맹에 한국 영토와 중국 이익이 공첨共沾의무를 서로 침범하지 않기로 약정한 바 있으나 영국이 제1차 세계대전에서 주동이 되자 일본은 영국과 동맹을 겉으로만 지킨다고 공포하였다. 일본이 칭따오를 함락시킬 때 영국과 연합하고, 칭따오 함락이 성공하면 칭따오 부근 지역인 이가둔李家屯을 영국에게 귀속시킨다고 밀약하였다. 그러나 칭따오가 함락

되었어도 이를 이행치 않고 영국군의 무능함을 비난하였다. 또한 21개조 중 영국의 이익이 다수 포함되어 있어 후일 영국과 문제가 발생할 소지가 있다. 일본의 각 신문에 영국에 관한 터무니없는 기사를 게재해 여러 가지로 공략하였다.

③ 중·독관계(중·독이 연합해 일본을 공격하리란 이유)

독일이 전승戰勝할 것은 움직일 수 없는 이치며, 전후 러시아의 시베리아 철도권리는 독일에 귀속하게 된다. 또한 칭따오 문제에 대한 대일개전對日開戰은 규정사실이므로 동삼성, 산둥지역이 전지戰地가 될 것이다. 이에 따라 중립을 선언한 중국을 경시하고 일본이 중립지대를 침범하면 공법을 문란케 한 연유로 중국이 독일과 연합공격하게 될 것이다. 이때 미국은 중국·독일의 원조국이 되고, 영국·러시아는 동족관계로 연합해 일본의 배후에서 침입할 것이다. 따라서 이러한 시점에서 '한국의 혁명은 애원적哀冤的 외교수단으로 독립만회를 청구하고, 일면 혁명의 주동자는 모국某國에 명조明助 혹은 암조暗助를 받아 일군운반日軍運搬의 요새지를 방어, 상하上下분열케 하면 일본은 전승戰勝키 어려울 것은 예측할 수 있다. ……현재 중·독의 내용은 이미 오래되었으므로 교제기관이 급박한 시기다라고 함은 한국혁명의 방향 제시, 독일과 중국에게 원조요구를 위한 외교활동을 전개할 교제기관의 필요성을 제시하려 한 것이다.

④ 중·독·일의 관계가 결렬된 후 우리 동포들의 활동방향

자유국민의 자격을 얻으려면 외원내응外援內應의 힘이 꼭 필요하다. 국외

동포와 국내동포가 함께 기회를 적절히 이용하여 협조체제를 이루어야만 성공할 수 있다.

결국 신한혁명당은 제1차 세계대전에서 승리한 독일이 일본을 공격할 것이라고 예상한 것이다. 즉 영국·미국·러시아도 이에 합세함에 일본은 고립될 것이 분명하니 이를 독립회복의 적기로 활용하고자 각국 간의 정세분석구조에 대한 가상 시나리오를 작성하였다.

그 결과 신한혁명당은 전쟁수행을 위한 군비조달을 보다 확고히 하는 한편, 각국의 원조를 취하기 위한 외교적 수단으로 중국과 '중한의방조약'을 체결하고자 하였다. 이 조약은 한국에 혁명전쟁, 즉 독립전쟁이 발발할 경우 중국 측이 군기 및 병기를 공급한다는 취지의 밀약이다. 그리고 실행상 국제적 효력을 보증키 위한 수단으로 독일의 보증하에 한국과 중국이 조약을 체결하는 방법을 선정해 두고 있다. 이 조약안은 전문 21개조로 구성되었는데, 주요 골자는 다음과 같다.

첫째, 조약체결 당사자는 양국의 원수로 정하되, 한국혁명 착수 전에는 비밀을 보장해야 하므로 중국·한국·독일의 중요인물 간에 대표로 사결私結하고 혁명성공 후에 각 정부가 이를 계승해 정식으로 세계에 공포하도록 한다. 둘째, 중국은 한국혁명이 발발한 경우 군기軍機, 재력을 방조幇助하고 중급군관을 파견해 전력戰力을 원조해야 한다. 만약 재정, 군기가 부족하여 이를 독일에 청구할 경우 중국은 독일에 권고하여 담보를 제공하도록 규정하였다. 그리고 한국혁명이 성공한 후 독일이 방조한 것은 계산하여 30년간 상환하되 무이자상환이란 조건을 설정해 두었다. 셋째, 한국혁명이 성공한 후 중국이나 독일의 원조에 대한 대가로 내정을 간섭하려 하거나 한국의 영토를 점령하려는 의도를 사전에 저지키 위한 금지조항을 마련해 두고, 대신 독일에 대해서는 동서의 우등권을 양도하고 중국측에는 세관 철도 등 사업상 이권을 주도록 규정하였다. 넷째, 만약 혁명이 실패할 경우에 대비해 중국 측에게 신한혁명당의 혁명주도인물에 대한 신분보장을 요구하는 조항도 설정해 두어 사후의 대비책 마련에도 세심한 주의를 기울이고 있다.

'중한의방조약안'을 마련한 후 밀약체결을 위한 준비에 착수하였다. 이 임무는 외교부장인 성낙형이 주관하였으며, 중국 당국과 밀약체결을 위한 준비과정으로 우선 당수이자 미래에 세워질 한국 정부의 원수로 추대될 광무황제로부터 밀약체결의 전권을 위임받는 일이 급선무였다.

이에 성낙형은 정권위임의 밀지를 받기 위해 국내잠입을 결행하고, 국내잠입에 앞선 선무공작으로 국내당원인 변석붕에게 이 거사를 도모할 동지를 규합하도록 미리 통지하였다. 그뒤 1915년 7월 초 성낙형과 김위원은 밀약안을 가지고 국내로 잠입하여 평양을 거쳐 서울에 도착하였다. 성낙형은 변석붕과 비밀리에 접촉하여 구체적인 세부활동·방향을 협의하였다. 사전에 통지를 받고 준비를 어느 정도 진척시킨 변석붕의 활약으로 마침내 광무황제에게까지 계획이 전달되고, 성낙형이 조약안을 가지고 알현해 조약체결의 위임을 위한 밀지를 받는 일만 남게 되었다.

성낙형이 중한의방조약안을 가지고 광무황제를 알현하기 직전 일제 측에게 발각되어 본부에서 파견된 당원 및 국내활동원 모두가 체포되었다. 일제는 이들을 '보안법위반사건'으로 묶어 재판에 회부하였다. 모든 당원의 체포로 계획은 무산되었으나, 신한혁명당의 외교부장이 국내에 잠입해 활동을 신속히 전개하여 단시일에 광무황제에게 계획이 전달될 수 있었던 것은 국외의 당본부와 국내 조직 간의 긴밀한 상호연계 체제가 구축되었기 때문에 가능한 일이었다. 신한혁명당이 '중한의방조약' 체결을 위한 준비로 국내에서 전개했던 계획은 당원들의 체포로 성사 직전에 실패하고 말았으며, 이후에는 활동이 중지된 것으로 미루어 당 조직 자체도 해체된 것으로 추측된다.

신한혁명당의 독립운동방략을 정리한다면 첫째, 민족독립을 위해 실리적인 방략을 중시하여 공화주의를 포기하고 보황주의적 노선을 채택한 것이다. 즉 동맹국이 될 독일이나 중국처럼 제정을 표방하고 광무황제를 당수로 추대하였다. 물론 이 경우 복벽적이라기 보다는 입헌군주적 제정을 의미하는 것이었다. 어쨌든 신한혁명당 계획이 실패한 후 복벽주의나 보황주의는 민권인식이 강화되어 가는 대세를 거스른 군주중심론이란 한계로 인해 더이상 독립운동 방략상의 이념적 지주가 될 수 없다. 실제로 1917년 '대동단결선언' 단계에 이르러서 마침내 공화주의가 독립운동의 이론으로 정립되는 진척을 가져왔다. 둘째, 신한혁명당은 독립운동의 중추기관으로 정부를 조직해야 한다고 주장하였다. 즉 신한혁명당에서 국내동포에게 주는 경각서 중 주목해야 할 부분이 있다.

재외자在外者(국외운동가)는 외세에 의해 움직이고 재내자在內者(국내동포)는 실력에 의해 이에 응해야, (독립쟁취를 위한) 시기를 이용하는 수단이라 할 수 있다. 소위 재내자의 실력은 동지의 단체며, 단체란 비밀무형 중 공고한 정부다. 그 정부조직 방법은 재외운동자의 책임이다. 이것이 곧 대세를 관찰해 인망人望을 규합할 조직의 요건인 것이다.

여기서 정부에 대한 구체적 형태를 거론하지 않아 정확한 성격을 파악할 수 없지만, 국내외 사이에 서로 호응하는 효과적 독립운동을 추진키 위한 중추기관으로 정부를 조직해야 한다는 방향 제시에 그 역사적 의미가 있다. 이를테면 신한혁명당의 제안이 1917년 '대동단결선언'에서 통일된 최고기관인 정부의 수립을 위한 보다 구체적이고 체계화된 실시방법을 제시할 수 있는 단계로 발전하는 데 초석이 되었던 것이다.

물론 신한혁명당의 주도자들이 국제정세에 대한 잘못된 분석과 보황주의 노선 등의 한계를 보였다. 하지만 이 운동은 제1차 세계대전 당시 러시아와 중국 지역 독립운동 조직이 봉쇄당하는 어려운 여건 속에서도 각지의 운동역량을 재정비하여 독립전쟁을 결행할 전략을 감행하려한 점에서 분산된 독립운동역량을 단일화한 선구적 무장투쟁으로 규정할 수 있다. 보다 주목해야 할 점은 신한혁명당의 활동은 독립운동계에서 공화주의 노선이 이념으로 정립되는 견인차가 되었던 것과 이후 독립운동의 최고기관으로 국내의 민중적 기반 위에 선 정부가 조직되어야 한다는 방향을 제시해 준 점에서 새롭게 조명되어야 한다.

신한혁명당 계획이 무산된 후 신규식은 박은식과 함께 상하이에서 대동보국단을 조직하였다. 본부는 프랑스조계 내 명덕리에 설치하고 시베리아와 간도 방향의 애국동지와 국내의 동지를 단원으로 조직하였으며, 단장은 박은식이 맡았다.

신규식이 박은식과 함께 대동보국단을 주도해 가는 동안 국제정세는 급변하여 그 변화에 부응하는 새로운 독립운동 방안을 모색해야 하는 상황이었다. 우선 러시아의 2월혁명과 소수민족의 자유보장 표방 아래 핀란드와 폴란드가 독립하였고, 이어서 이스라엘의 독립 기운이 고조되고 있었다. 중국 역시 광동의 호법정부護法政府가 세력을 확장시키며 그동안 미미했던 신해혁명의 전통을 희생시키면서 연합군에 합세하는 등 국제 환경의 변화가 독립운동에 대한 결단을 요구하였다. 이에 신규식은 조소앙을 비롯한 독립운동가들과 협의하여 세계 각처의 피압박민족의 독립이란 해방의 움직임을 이용코자「대동단결의 선언大同團結의 宣言」을 작성·주창했다.

신규식은 중국 혁명운동에 직접 가담하여 대외적으로 자유주의자로 알려져 있었고, 신한혁명당 계획의 방법적인 문제점을 깊이 통찰한 바 있으므로 이 계획을 적극 추진했으리라고 보이며 실제 발기인의 대표격으로 되어 있다.

'대동단결선언'은 1917년 7월 신규식·조소앙 등 14명의 발기자가 제창한 것으로 전문 12면이며 대동단결의 필요성, 국내동포의 참상폭로, 해외동포의 역할, 당시의 국제환경, 대동단결의 호소 등과 강령으로 구성되어 있다. 이 선언문은 발기자의 의사를 수렴하여 조소앙이 기초하였다. 우선 그 요지를 검토하면서 이 선언의 성격을 분석해 보자.

선언에서 주권은 민족고유한 것이며 융희황제의 주권(삼보)포기는 오인동지吾人同志(국민)에게 양여한 것으로 이를 계승하여 상속해야 할 책임이 국민에게 있다고 주장하였다. 이는 주권상 제권帝權 소멸로 인해 민권이 발생되었음을 선언하여 국민주권론을 표방한 것이다.

그 주권상속의 방법으로 국가 상속의 대의를 선포하여 해외동지의 총단결을 주장하며 국가적 행동의 급진적 활동을 표방하였다. 즉 선언을 통해 국가라는 통일단결된 조직만이 그 권리와 의무의 행사가 가능하다고 주장한 것이다. 이들은 이러한 국가적 행동의 성취를 위해 통일기관·통일국가·원만한 국가라는 3단계 요강을 제시하였다. 조국 독립을 위한 전단계로 통일국가, 즉 임시정부 같은 조직을 만들고 그 준비단계로 민족대회인 통일기관을 만들자고 하였다.

당시의 국제환경은 유기적 통일을 가능케 해주는 유리한 조건이라고 파악하여 세계공론을 환기시키자고 주장하였다. 즉 슬라브의 혁명은 반한反韓본이니 핀란드·유태·폴란드의 독립선언은 선진이고, 이어 아일랜드·트리폴리 등 피압박민족의 부활과 해방운동이 제고된다고 하였다. 또한 민권연합의 만국사회당 등을 예로 들어 '당시의 국제정세가 인류의 화복禍福을 재정裁定하는 현상이니 장엄하고 신성한 무상 법인이 일대사를 위해 출현할 상서로운 징조'라 보았다. 그러므로 이러한 기회를 이용해 '주권상속의 대위와 대동단결의 문제를 들어 먼저 각계 현달한 여러 인사의 찬동을 구하여 특히 일반국민의 각성을 하며 최방催傍으로 세계의 공론을 환기코자 대동단결을 선언'한 것이다.

마지막으로 제의提議의 강령을 덧붙여, 기존의 해외 독립운동단체나 개인이 모여 회의를 거쳐 명실 공히 통일된 최고기관(정부)을 조직하고 지부를 설치하여 이를 통할하는 데 대헌大憲을 제정하여 법치주위에 입각해야 함을 밝혔다. 독립운동의 실천방략은 국민외교론과 친일적 자치론·동화론을 배격하자는 것이다. '대동단결선언'의 마지막에 이 제의에 대한 찬동여부를 묻는 통지서가 부착되어 동포사회 각지에 있는 개인과 단체에게 발송되었으며, 그 답서를 요구했으나 적극적인 호응이 없었고 대개 관망한 정도였다.

'대동단결선언'에 나타난 독립사상은 대동사상을 기초로 하되 당시 세계적 조류였던 사회주의혁명의 기운을 수용하여 이를 민족대동사상과 접합시켜 인류대동의 단계로 발전시켜 한국독립운동의 당위성을 세계사적 차원에서 추구하려 한 사상이었다. 이러한 계획은 당장 실천되지 못했지만 그 역사적 의미는 크다. 첫째, 1915년 신한혁명당 계획 이후 침체된 독립운동의 상황에서 통일된 최고기관, 즉 정부의 수립이란 새로운 운동의 이론과 방향을 제시하여 독립운동의 이론적 결집에 중대한 영향을 미쳤다. 이 점은 신한혁명당 단계의 망명정부 구상을 계승해 구체적인 실천방법을 제시할 수 있는 단계로 진전되었음을 시사해 준다. 그리하여 1919년 3·1운동 이후 임시정부가 수립될 수 있는 이론적 기반이 마련되었다.

둘째, 국민주권론 주장은 독립운동가 사이에 국민주권론이 이론적으로 확립되었음을 반영한 것으로, 복벽적 망명정부 수립론과 결별을 의미한다. 셋째, 대동단결을 주장하고 회의를 통해 각계의 의견과 방향을 수렴코자 한 것은 다수의 의견을 존중하되 분산적·개별적인 투쟁을 지양하고 민족역량을 결집시켜 통합적인 독립운동을 전개해야 할 필요성을 제시했다. 넷째, 독립운동노선에 사회주의적인 입장을 수용하여 국

| 스웨덴의 스톡홀름에서 열린 만국사회당대회(The 1917 Stockholm Peace Conference 당시 사진자료)

제정세를 능동적으로 활용한 점은 시대를 앞선 지도자의 탁월한 견해였다. 이런 면은 선언의 발표와 함께 1917년 8월 신규식이 중심이 되어 조소앙 등과 상의하여 스웨덴의 스톡홀름에서 열리는 만국사회당대회에 '조선사회당'의 명칭으로 조선독립 촉구를 위한 전문을 보낸 사실에서도 잘 드러난다. 이 전문에서는 지금의 전쟁(제1차 세계대전)이 발칸반도 문제로 인해 발생되었음을 지적하고, 일본의 노예상태에 있는 한국의 문제로 또 다른 전쟁이 발발할 것이라 주장하였다. 이어서 모든 민족의 정치적 균등, 국제정의의 실현, 피압박민족의 원상복귀, 국제적인 독립한국의 실현 등의 문제를 회의에 반영시킬 것을 요구하였다.

이 전문의 주장은 '대동단결선언'의 주장과 궤를 같이하며, 시기적으로도 일치하는 정황으로 미루어 상호간 연관된 활동으로 이해할 수 있다. 상술한 대로 독립운동 역사상 중요한 의의를 갖는 '대동단결선언'에서 서명자들은 이렇게 선언하였다.

> 대개 뭉치면 서고 나뉘면 쓰러지는 것은 천도天道의 원리요, 나뉜 지가 오래면 합하고자 하는 것은 인정의 율려律呂라. 생각건대 멀리로는 3백 년 유자儒者의 당론이 이조 멸망사의 태반을 점령하였고 가까이로는 13도 지사志士가 장혁(다툼)이 새로운 건설의 중심을 어지럽히도다.
> 이같은 3분 5열의 비극을 목도하고 문호門戶를 나누어 세우는 고통을 맛본 우리들은 인정의 당연함에 따라 대합동을 요구함이 자연의 의무요, 또 도리에 의지하여 총단결을 주장함이 당연의 권리로다. 비단 우리들의 주론主論이 이같을 뿐만 아니라 일반 동포의 목소리요 시대의 명령이니 만천하의 상심한 지사 중에 누가 홀로 동감치 않으리오.
> 그러나 총단결의 문제는 유래가 오래다. 들으매 귀가 시끄럽고 말하매 이도 시도다. 사람들이 모두 합동, 합동하여도 실행에 관하여는 혹은 힘이 미치지 못한다는 데 죄를 돌리고, 혹 땅이 불편하다는 것에 책임을 돌리고, 혹 경쟁이 나쁘지 않다고 화제를 돌리는 등 좌우로 핑계를 대, 아무 일 않고 지내기가 나라가 망한 지 8년에 이르도록 내외 지사의 외면하고 격절함이 여전하여 일치단결의 희망이 아득하도다.
> 융희황제가 삼보三寶를 포기한 8월 29일은 즉 우리동지가 삼보를 계승자이니 이 제권帝權 소멸의 때가 곧 민권발생의 때요, 구한국최종의 날은 즉 신한국최초의 날이니 …… 경술년 융희황제의 주권포기는 즉 우리 국민

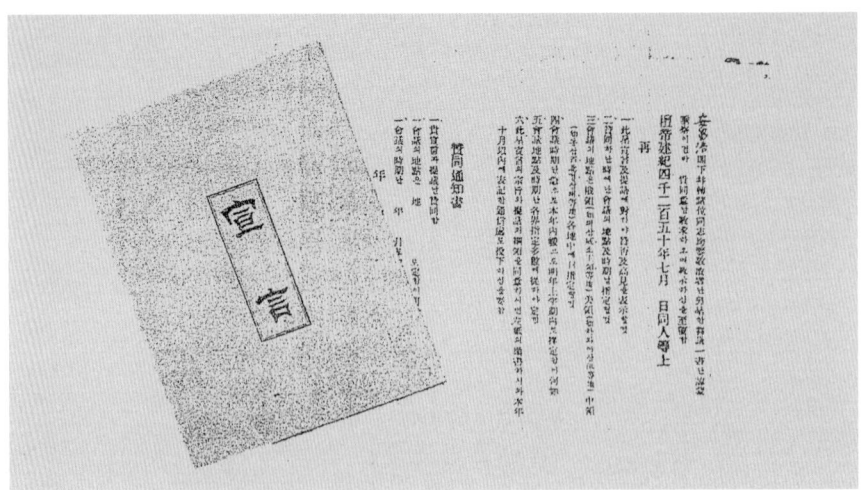

| 「대동단결선언」과 찬동 동지서(1917년 7월에 신규식 등 14명에 의해 정부 수립이 요구된 선언)

동지에 대한 묵시적 선위禪位니 우리 동지는 당연히 삼보를 계승하여 통치할 특권이 있고 또 대통大統을 상속할 의무가 있다. 그러므로 이천만의 생령과 삼천리의 구강舊疆과 사천년의 주권을 우리 동지가 상속하는 중이다.…… 오늘에 이르러 주변정세의 흐름과 한 조각 붉은 마음의 격발로, 참으려 해도 참을 수 없고 주저할 여유가 없어 이에 주권상속의 대의와 대동단결의 문제를 들어 올려 먼저 각계의 밝으신 여러분의 찬동을 구하며 이어 일반 국민의 놀라 깨어남을 재촉하며 겉으로는 세계의 공론을 불러일으키고자 하노니 일치단결은 신한의 광명이요 진리요 생명이라, 이를 떠나면 우리의 앞길은 암흑이요 거짓이요 사망이니 고로 갈라지고 합하는 문제는 즉 죽고 사는 갈림길이요 시비의 헛된 말이 아니라, 우리의 단결이 하루가 빠르면 신한의 부활은 하루가 빠르고 우리의 단결이

하루가 늦으면 신한의 건립은 하루가 늦으리니 이는 천리인정에 비추어 지공무사至公無私한 의논이라. 써 만천하 동지 여러분 앞에 선포, 제의하노니 하늘이 그 명심하신저! 사람이 그 응할진저!

제의의 강령

① 해외 각지에 현존한 단체의 대소은현大小隱現을 막론하고 규합 통일하여 유일무이의 최고기관을 조직할 것.
② 중앙 총본부를 상당한 지점에 치置하여 일체 한족韓族을 통치하며 각기 지부로 관할구역을 명정明定할 것.
③ 대헌大憲을 제정하며 민정民情에 합한 법치를 실행할 것.
④ 독립평등의 성권聖權을 주장하여 동화同化의 마력 – 일인화 정책 – 과 자치의 열근劣根 – 독립운동의 분열화 정책 – 을 방제할 것.
⑤ 국정을 세계에 공개하여 국민외교를 실행할 것.
⑥ 영구히 통일적 유기체(민족주권국가)의 존립을 공고키 위하여 동지간의 애정을 수양할 것.
⑦ 위의 실행방법은 기성한 각 단체의 대표와 덕망이 유有한 개인의 회의로 결정할 것.

단제檀帝 기원 4250년 7월

신정 · 조용은 · 신헌민 · 박용만 · 한진 · 홍휘 · 박은식 · 신채호 · 윤세복 · 조욱 · 박기준 · 신무 · 김성 · 이일

3
대한민국임시정부 통합의 울타리가 되다

국무총리로서 외교적 성과를 거두다

1918년 제1차 세계대전이 끝나고 파리강화회의에서 미국의 윌슨대통령이 민족자결주의를 제창하자 세계 각 지역의 피압박민족은 이에 자극받아 민족해방운동의 기회로 포착하려는 분위기가 퍼져갔다. 더구나 1918년 11월 미국대통령 특사 크레인이 상하이로 파견되어 파리강화회의에서 특히 피압박민족의 해방을 강조할 것임을 선전하였다. 아울러 그는 약소민족들은 민족해방을 도모할 절호의 기회라고 연설하면서 해방계획추진을 촉구한 것이다. 이에 한국 독립운동가들 역시 자극받아 이 기회를 한국해방이란 목표달성에 적절히 활용키 위해 새로운 길을 모색하였다. 우선 여운형 등은 신한청년당을 주축으로 크레인의 협조를 얻어 한국민족대표를 평화회의에 파견할 것을 결의하였다. 신규식은 신한청년단의 결정에 동조하여 한국독립에 대한 원조를 요구하는 전문을 자신의 이름으로 발송하면서 한국민족대표로 김규식을 파견하는 데에도 적극 협력하였다.

또한 신규식은 파리강화회의가 약소민족 및 피압박민족의 장래에 빛을 비출 것이라고 확신하였다. 이러한 믿음으로 바로 이때가 한국 민족이 권리와 정의를 주장하여 세계 공론에 호소할 시기라고 판단하였다. 그는 각지에서 우리 동포는 독립을 선언하고 이에 대한 선전운동을 개시해야 한다는 계획하에 국내외 각 방면의 운동역량을 결집시켜 거족적인 독립운동으로 확대시키려고 하였다. 실제로 1920년대 그가 주장한 한국독립운동의 방법론에서 국제적 우호관계 형성과 미국과 유럽의 여러 나라에 한국 독립을 알려야 한다는 것 등을 제시했던 사실과도 맥이 닿아 있는 계획이라 하겠다.

1919년 1월 20일경 신규식은 지린지역 펑텐奉天 인근의 중국인 개척농장을 경영하고 있던 동제사 회원 정원택鄭元澤에게 한 통의 비밀서신을 보내 독립운동에 적극 호응토록 조처하였다. 당시 지린은 만주 지방의 한복판인 쑹화지앙松花江 상류에 위치해 있으면서 동·북만주 또는 북간도와 연해주, 남만주 또는 서간도와 중국관내의 두 갈래의 갈림길을 이루는 교통 요지이면서 유서 깊은 성곽도시였다. 그래서 지린은 1906년경부터 한국 국외 독립운동기지의 구축을 목표로 특히 서간도 정착을 염두에 두고 고국을 떠난 인사들의 중간기착지 겸 연락거점이 되어 왔다. 이후 1910년대 후반에 이르러서는 망명 지사들의 집결지이자 국외 독립운동의 주요 근거지 가운데 하나로 부상하고 있었다. 1919년 초의 분위기는 제1차 세계대전이 끝나자 국제정세가 일변하고 세계개조론이 제기되면서 본격적인 독립운동 전개의 기운이 한껏 고조되고 있었다. 즉 지린에 재류하고 있는 망명지사들은 그곳에서 독립운동의 새 길을 준비하였으니 우선 독립운동의 대열을 조직화하고, 무장투쟁의 전개라는 목표에 걸맞는 작업에 착수하게 되었다.

신규식은 정원택에게 보낸 1월 20일 비밀서신에서 '상하이·미주·국내의 독립운동자 들이 긴밀히 연락하여 다방면으로 독립운동을 추진 중이므로 빨리 지린으로 가서 서·북간도의 동지들에게 연락하여 대기하도록 하고 일이 벌어지면 즉시 호응하라'고 다음과 같이 지시하였다.

방금 구주 전란이 종식되고 미대통령 윌슨이 민족자결을 제창하며 파리에서 평화회의를 개최하니 약소민족의 궐기할 시기라. 상하이에 주류하는 동지들이 미주美洲의 동지와 국내유지를 연락하여 독립운동을 적극 추진하며 일면으로 파리에 특사를 파송 중인데 서간도와 북간도에 기밀을 연락치 못하였으니 군(정원택)이 지린에 빨리 가서 남파南坡(박찬익)와 상의하여 서·북간도에 동지를 연락하고 각 방면으로 주선하여 대기응변하기를 갈망하노니……

이에 정원택은 이튿날 바로 지린으로 가서 신규식이 언급한 남파 박찬익 외에 여준·조소앙·정안립·김좌진·황상규·박관해·정운해·송재일·손일민 등을 만나 신규식의 서신 내용을 알렸다. 그로부터 한 달 뒤에 서간도의 망명객인 성낙신·김문삼 등도 연락을 받고 와서 합류하였다. 이들 지린지역의 운동자들은 조만간 국내외 각처에서 대대적인 항일독립투쟁의 봉화를 올리려는 계획이 비밀리에 추진되고 있다는 것을 감지하고 숙의를 거듭하였다. 그 결과 이에 호응할 태세를 갖추고 향후

| 대한독립선언서(1919년 지린)

만주와 노령 일대에서 독립운동 활성화를 선도할 것을 합의하였다. 우선 성의껏 찬조금을 내어 활동 자금을 마련하는 한편, 2월 27일(음력 정월 27일)에는 지린 재류의 운동자들만으로 대한독립의군부를 결성하여 정령 여준, 부령 조소앙, 총무 겸 외무 박찬익, 군무 김좌진, 서무 정원택, 선전 겸 연락 정운해, 재무 황상규 등으로 부서를 정하고 직임을 분담하였다.

그 직후에 이들은 국내의 3·1운동 발발 소식과 함께 상하이에서는 임시정부의 수립이 준비되고 있다는 것을 통지받았다. 이에 뒤질세라 의군부는 국외 각지의 유수한 독립운동자 39인이 연명 발포하는 형식의 '대한독립선언서'를 작성하여 3월 11일에 서·북간도와 노령·구미 각국·베이징·상하이·일본과 국내 등지로 우송하였다. 조소앙이 집필

한 이 선언서에서 일본의 조선합병은 불법 무력에 의한 것으로 종족을 말살하고 세계문화를 저해하므로 인류의 적이라 규정하고, 하늘의 뜻과 인간도리·정의 등에 비추어 합병은 무효라 선언했다. 국민의 본령은 독립이니 목숨을 아끼지 말고 육탄혈전으로 독립을 완수할 것을 부르짖었다. 또 한편으로 김좌진을 노령으로 보내 군마와 무기 약간을 구입하도록 하고, 상하이 연락대표로 조소앙을, 서·북간도 및 노령지역 연락원으로 성낙신과 김문삼을, 국내 자금 모집원으로 정운해를 특파하는 등 활발한 움직임을 보이기 시작했다.

지린지역의 움직임은 또한 1919년 11월 10일 만주 지린성에서 의열단이 성립되는 계기를 마련해 주었다는데 더욱 중요한 의미가 있다. 즉 3·1운동 직후 만주 지린지역의 조선독립군정사 조직을 중심으로 한 중견·소장 독립운동자들이 벽에 부딪친 상황을 타개하려 의지와 실효성 있는 운동방향에 대한 모색과 창의적 구상이 한데 어울려 의열단 창립이란 결과로 이어졌다고 볼 수 있다. 원래 그들은 독립군을 조직하여 국경지방의 일본군을 무찌르면서 국내로 진입할 무력투쟁의 길을 추구하였지만, 사실상 당장의 실행이 거의 불가능하다고 판단하여 차선책으로 찾아낸 실행가능 방안이 바로 무력적인 의열투쟁이었다. 그들은 소수 정예인원으로 기동성을 발휘하면서 큰 효과를 낼 수 있는 급진적 노선의 항일투쟁, 특정의 적 기관 및 요인을 대상으로 공격하여 일제식민지 통치기반에 타격을 가하는 작탄투쟁을 추진하기로 결의하였다. 의열단은 이러한 결의와 계획을 과감하게 실천해 갈 정예의 비밀결사이자 군정사 방계의 단위조직체로 탄생하였다. 다시말해 지린의 조선독립군정사가 의열투쟁의 대표격인 의열단의 산실이었음을 의미한다. 결국 3·1 운동 직전 신규식의 지시가 지린의 독립선언서 발포 운동으로 이어졌으며 더 나아가 의열단 창립의 계기가 되었다는 사실은 그의 위상을 한껏 높여준다.

신규식은 또한 만주지역과는 별도로 국내에는 방효상과 곽경을 시켜 월남 이상재와 의암 손병희에게 다음과 같은 밀서를 전하도록 밀파하였다.

> …… 제弟는 이미 김규식·조소앙 두 동지들에게 중국 상하이로부터 파리강화회의에 가서 호소할 것을 청하였으니, 여러 형들은 모름지기 때를 맞추어 국내에서 우리 전체의 민중운동을 일으키게 하여 일제 통치에 반대하고 독립을 요구한다는 굳은 결의를 표시하여 국제적으로 선전에 이바지하시오.

그러나 이 밀서를 가지고 국내에 들어간 방효상과 곽경은 사전에 발각되어 혹독한 형을 받아 곽경은 옥사하고 방효상은 거의 죽을 지경에 이르렀다고 한다.

이와 동시에 선우혁은 상하이에서 국내로 잠입해 평북 선천宣川에 거주하는 목사 양전백을 방문하였다. 그를 만나서 프랑스 파리에서 열린 강화회의에 한국민족 대표자를 보낸 것과 또한 국내에서도 적극적인 독립운동을 실행해야 한다는 것을 역설해 그의 찬동을 얻었다. 그후 정주군 곽산으로 이승훈을 방문하고 평양의 길선주 및 기독교 유력자들과

회동해 동일한 취지의 계획을 전하여 독립운동과 자금취합에 대해 찬동을 얻고 상하이로 떠났다. 이들은 선우혁의 권유로 평양에서 3월 3일 광무황제 국장을 기해 관공·사립학생들의 독립선언 시위운동을 계획하던 중 천도교로부터 합동민중운동계획을 교섭 받고 최초의 방안을 변경하게 되었다.

한편 조소앙을 도쿄에 밀파시켜 유학생을 권유해 거사토록 촉구하였다. 이어 장덕수로 하여금 도쿄를 거쳐 국내로 잠입시켜 일본의 운동은 2월 초순, 서울의 운동은 3월 초순에 실행될 예정이니 양 지역의 독립운동 정황을 시찰하고 통신하도록 지시하였다. 이에 따라 장덕수는 2월 3일 일본에 도착하여 조소앙과 접선한 후 유학생들의 동의를 얻어 8일을 기해 독립선언계획을 추진할 것을 결정하였다. 이후 장덕수는 지시받은 국내 운동의 임무를 완수하기 위해 국내에 잠입했다가 일경에게 체포되었다. 장덕수는 체포되었지만 사전의 계획에 따라 마침내 1919년 2월 8일 도쿄의 2·8독립선언이 성공하였으며 뒤이어 국내에서 3·1운동이 일어났다. 이와 같은 신규식의 계획과 활동으로 미루어 3·1운동의 계획 단계에서 그가 미친 영향이 컸음을 알 수 있다.

이렇게 보면 신규식은 3·1운동이 발발하기 전 이미 해외와 국내에 그에 준하는 민족운동의 촉발을 미리 지시함으로써 거족적인 민족운동을 예비하는 중요한 역할을 담당했다고 평가해도 지나치지 않을 것이다.

각 지역에 거족적 독립운동 전개를 촉구하도록 추진하는 와중에 신규식은 조카인 신필호(당시 산부인과 병원에 근무 중)에게 연락해 오랜 세월

떨어져 지냈던 자신의 가족을 상하이로 데려오도록 했다. 조씨 부인과 장녀 명호明浩, 장남 상호尙浩를 맞은 신규식은 10년만에 다시 가정을 이룰 수 있었다. 또한 17세의 과년한 딸은 자신의 곁에서 묵묵히 일을 돕던 민필호와 짝지어 주었다.

 3·1운동 발발 후 상하이지역의 독립운동가들은 신한혁명당과 대동단결선언의 계획에서 구상해 오던 임시정부 조직의 필요성을 절감하였다. 마침내 이들은 3월 하순 상하이 프랑스조계 보창로에 독립임시사무소를 설치하고 본격적인 조직에 착수하였다. 그리하여 1919년 4월 10일 1차 임시의정원회의가 개최되어 임시의정원이 성립되고 임시정부가 조직되었다. 국호를 대한민국으로 정하고 대한민국임시헌장을 제정 선포하였으며, 임시정부의 관제를 의결하여 국무총리로 이승만을 선출하고 각부의 국무원도 선출하였다. 드디어 4월 13일을 기해 대한민국임시정부의 수립을 정식으로 국내외에 선포하게 되었다. 그런데 당시 임시정부 수립운동은 여러 지역에서 추진되었다. 그 중 대표적인 것이 연해주지역에 대한 국민의회와 서울에서 조직된 한성정부 그리고 상하이 대한민국임시정부다.

 신규식은 후일 임시정부의 성립에 관해 다음과 같이 그 의의와 목적을 밝히고 있다.

 "한국 임시정부의 조직은 무수 선열의 선혈鮮血의 관개로 된 것이요 삼천만 자유를 애호하는 한민족의 옹호로 이룬 것이요, 전 세계 정의를 숭상하는 인사의 동정으로 해서 된 것이며, 천만 번 불굴 불요하는 혁명지사의 추진으로 된 것이다. 다만 왜구의 매와 개가 국내에 널려 있어

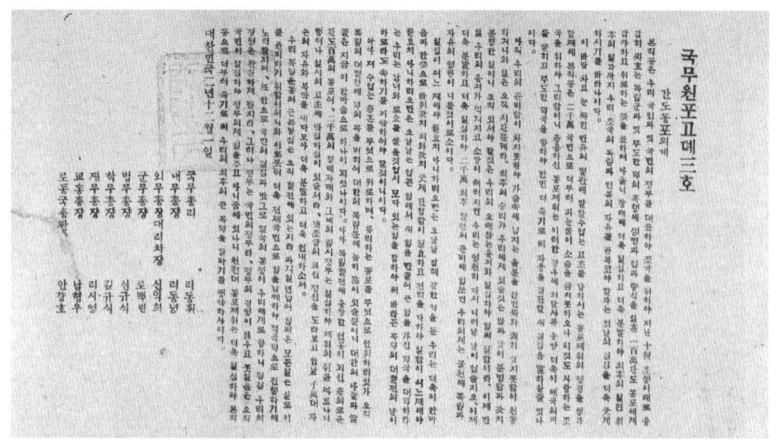

| 임시정부 국무원 포고 제3호(1920년 12월 1일자)

정령政令을 순조롭게 시행하고 국권을 펼 수 없으니 형세 부득이 국외에 안전한 곳을 택해 정부를 설치하여, 정권을 안정하고 정령을 관철하는 길을 구하게 된 것이다. …… 국외 및 동북 등지에서 항왜抗倭 무장운동을 격동하고 여러 가지 직접 행동을 지도하여 왜구의 암흑통치를 전복하고 태극기를 거듭 경성에 휘날리게 하려는 것이다."

이처럼 임시정부의 수립 이전부터 독립운동의 구심체로서 행동할 '망명정부'를 꿈꾸던 신규식은 임시정부가 선열의 피흘림과 한민족의 지원에 근거하고 있음을 분명히 하였다. 또한 임시정부가 식민통치를 종식시킬 행동지도체 역할을 감당해야 할 조직임을 확실히 밝혔다. 어느 때보다 민족자결을 쟁취하기 위한 민족자주독립을 절실히 추구해야 할 시기에 마침내 그가 터를 닦아 놓은 상하이에서 임시정부가 출범하게 되었던 것이다. 그런데 이제까지 살펴본 바와 같이 임시정부가 수립되기 전까지 상하이에 독립운동의 기반을 닦는데 주도적인 역할을 한 신규식이 제1차 의정원회의는 물론 상해임시정부 초기 각료명단에서도 누락되었다는 것을 이해하기 어려운 결과였다.

정부수립을 논의하던 기간인 4월 10일 전후에 그는 상하이에 머물고 있었다. 그럼에도 상하이의 독립운동계를 개척한 신규식이 각료 명단에 빠졌다는 사실은 납득하기 어렵다. 기록에 의하면 당시 그는 신경쇠약증으로 병원에서 입원치료 중이었다고 한다. 그러나 제헌의회 성격을 지닌 첫 의정원회의가 열리던 무렵, "병세가 그다지 심하지 않고 다만 심화心火가 대단한 듯 하였다"는 자료에서 임시정부 수립 당시 조각과정에 무언가 갈등요인이 있었음을 짐작해 볼 뿐이다. 무슨 연유인지는 알 수 없으나 그는 초기 임시정부 조각에는 제외되었다.

신규식이 가장 활동적으로 독립운동을 전개한 시기는 망명 이후 1919년 임시정부가 수립되기 이전까지이며, 이후에는 주도권이 임시정부로 넘겨져 그는 주도권을 상실한 채 임시정부에서 활동하게 되었다.

그가 임시정부에 참여한 시기는 제4회 임시의정원회의(4월 30일~5월 13일)이다. 그는 충청도지역 의원으로 선임되고, 손정도 의장과 함께 위원회 부의장으로 선출되었다. 또한 신규식은 구급의연금 모집을 담당할 충청도 모집위원으로 피선되어 활동하게 되었다. 이에 신규식은 5월 초 정원택과 김덕진을 국내에 밀파시켜 독립운동자금 모집을 지시하여 재정문제를 해결하고자 하였다. 두 사람은 상하이에서 일찍부터 신규식을 존경하고 따르던 청년들로, 신규식과 자금모집 방안을 심사숙고한 결과 신규식이 친필로 쓴 운동자금기부를 부탁하는 편지를 가지고 국내로 잠입하여 모금하도록 하였다. 이때 비밀유지를 위해 소금물을 찍어 편지를 썼다. 소금물이 마르면 글자는 흔적도 없이 사라졌으나 화롯불에 쪼이면 글자가 드러나는 방법을 사용하였다. 그러나 서울에 도착한 정원택은 안타깝게도 체포되었고 김덕진은 상하이로 도피하여 뜻을 이룰 수 없게 되었다. 이후 7월 14일에 열린 제5회 임시의정원 회의에서 신규식은 부의장직과 의원직을 모두 사퇴하고 임시정부에서 물러났다.

　이유는 분명치 않지만 그가 계속 건강에 문제가 있었던 사실만은 확실하다. 즉 『독립신문』에 '신 총장은 3월 이래 국가다사의 추추秋에 건강을 상하여 누차 우려할 상태를 경經하고 아직 평복不復치는 못하였다'는 보도 내용이 그 점을 입증하고 있다.

　이어서 그가 다시 정부에 모습을 나타낸 것은 그해 9월 11일부터 열린 제6회 의정원회의였다. 이 회의에서 안창호가 중심이 되어 추진할 노령의 대한국민의회와 국내의 한성정부가 통합되는 방안이 마무리 되었다. 여기에서 임시헌법이 개정되고 정부개조안이 통과되었으며, 이승만을 대통령으로 하는 내각이 결정되었다. 마침내 국민적 기반을 가진 한성정부의 계승을 원칙으로 세 정부를 통합하여 단일의 임시정부를 발족시켰다. 통합정부의 내각구성은 다음과 같다. 그는 통합정부의 법무총장으로 임명되었다.

임시대통령 : 이승만　　국무총리 : 이동휘　　내무총장 : 이동녕
외무총장 : 박용만　　군무총장 : 노백린　　재무총장 : 이시영
법무총장 : 신규식　　학무총장 : 김규식　　노동국총판 : 안창호

하나로 통합된 정부에는 전과 달리 각 총장들이 취임하게 되었다. 건강이 완전히 회복되지 않았던 신규식은 10월 3일 국무총리 이동휘, 내무총장 이동녕, 재무총장 이시영, 노동총판 안창호와 함께 300여 명이 모인 취임식을 갖게 되었다.

이 자리에서 신규식은 "하나의 신념을 가지고 나왔으니, 나의 적성赤誠이 이것이라. 병석에 있을 때 나는 신께 구하여 신생명을 얻음을 확신하노니 ……"라고 말하며 그동안 병석에 누워서도 항상 간절히 원하던 민족과 독립에 대한 그의 신념을 밝혔다.

하지만 신규식의 건강은 적극적 각료활동을 허락할 만큼 회복되지 않았다. 1919년 11월 15일 밤에 민단 주최로 열린 국무총리와 각 장관에 대한 환영회에도 참석하지 못할 정도로 건강이 악화되어 있었다. 신병중에도 그는 임시정부의 역할을 강조하였다. 1920년 3·1절에 그는 1년 전 3·1운동이 모두 거국일치하여 찬란한 자취를 남긴 것이라 언급하면서 '단결이 민족사활과 광복 지조遲무의 운명을 가졌으니 이에 진성盡誠노력함이 유일의 근본으로 사유한다'고 밝혔다. 이로써 대한민국임시정부는 명실 공히 통일된 민족대표기관으로 독립운동을 이끌어 갈 수 있게 되었다.

임시정부가 수립된 뒤에는 신규석이 앞장서 국교國敎차원에서 대종교 행사를 주도하였다. 임시정부 수립 후 처음으로 맞이한 어천절인 1920년 음력 3월 15일(양력 5월 3일)에는 민단民團의 주최로 민단사무실에서 200명이 모여 성대한 기념식이 거행되었다. 신규식은 그 자리에서 시로 된 기념사를 낭독하고 박은식이 역사를 강론하였으며, 이화숙(대한부인

회장)은 「신덕가神德歌」를, 조완구는 감상연설을 맡았다. 행사 직후에 신규식은 『독립신문』 기자와 면담하면서 대종교의 양대 축일인 어천절과 개천절의 역사에 대해 다음과 같이 설명하였다.

> 금일 즉 3월 15일은 한배검이 승천하야 오신 곳으로 다시 돌아간 날이오, 개천절(10월 3일)은 즉 세상에 내려오신 날을 기념함이니, 이 두 가지 명절은 삼국시대까지는 만한에 산재한 한배의 자손들이 팔관제, 동맹, 무천, 천군제, 대단 등의 이름으로 성대히 모여 축하하고 기념하였습니다. 그렇지만 이조시대에 이르러서는 불행히 민간에서는 전혀 이날을 망각하고 아무 의미 모르고 아들을 점지하여 주는 신을 위한다 하여 이 날을 쩔한 일이 있고, 겨우 왕실에서 평양 숭명전에 년년이 제한 일이 있을 뿐이오.

즉 단군의 탄신일이 개천절이고 승천한 날이 어천절이라고 설명하였다. 『독립신문』 기사에 실린 어천절 행사사진에는 단군의 높은 은덕을 사모한다는 의미의 단어가 행사장 벽을 장식한 모습이 들어 있다. 다음 해 1921년의 어천절(양력 4월 22일) 때도 신규식은 축사에서 나라를 잃어버린 못난 후손들의 잘못을 용서하고 깨우쳐서 옛 터전을 되찾을 수 있도록 도와달라고 간절하게 기원하였다. 하지만 그가 서거한 뒤에 임시정부 내에서 어천절 행사가 급격하게 위축되었다.

신규식은 임시정부에서 활발히 활동하던 시기인 1920년 10월 31일에 주간으로 『진단』을 창간하였다. 그는 진단잡지의 창간을 축하하는

| 임시정부 신년 축하회(상해청사 1920. 1. 1)

| 임시정부 임시의정원 신년 축하회(1921. 1. 1)

마음을 시로 세상에 드러내니 「진단창간에 즈음하여 동지들을 회상하는 것으로 축하하노라」가 그것이다.

> 통하여 천명을 받드매
> 삼신은 이름을 하사했네
> 신광은 또다시 비치고
> 엄명에 세계가 놀라네
> 오늘 우뢰가 또 울거니
> 동단에는 맹약이 있다네
> 순결한 마음을 품었으니
> 밝은 별을 보는 듯 하네

신규식이 이 시기 『진단』을 발간한 정확한 이유는 알 수 없지만 짐작컨대 크게 두 가지를 짚어 볼 수 있다. 당시 임시정부 기관지로 발간되는 『독립신문』을 도와 언론 선전 활동을 활성화하려는 목적과 한국독립운동의 상황을 중국인들에게 선전하여 독립운동의 지지층을 두텁게 하려는 목적이 신규식의 의도라고 파악한 견해가 설득력이 있다.

『진단』은 순한문으로 된 활자본으로 크기는 타블로이드판이며 표지를 포함해 총 8면으로 구성되었다. 『진단』은 상하이에서 발행했으나 보급되는 지역은 상하이 베이징·난징 등이었고 그 외에 파리·워싱턴·호놀룰루·시카고·베를린, 러시아의 니콜리스크, 스코틀랜드, 영국의 버밍햄 등에 통신처를 두었다는 기록에서 이 잡지가 비단 중국만을 선전

대상으로 한 것이 아니라 세계주요국에도 한국독립운동의 상황을 선전하겠다는 원대한 목표를 가졌음을 알 수 있다.

『진단』은 창간호부터 22호(1921년 4월 24일자)까지 6개월 정도 발간된 것으로 보인다. 구성내용은 대개 사설, 쑨원을 비롯한 중국 최고급 지도자들의 축사, 한국독립운동의 현황, 한국과 중국을 비롯한 세계의 소식 등이 고정란으로 편집하였다. 신규식이 쓴『한국혼』을 산려 혹은 임수산려王楸山廬라는 필명으로, 그리고 '한국명인전기'라는 고정란에 박은식의『이순신전』을 연재하였다.

『진단』 발간에 대하여 중국 지도자들의 지원이 줄을 이었다. 쑨원이 '천하위공天下衛公'이란 축사를 보냈고, 천두슈陳獨秀·후한민胡漢民·우우임于右任·장징지앙張靜江·탕사오이唐紹儀·바이원웨이 등 혁명인사들도 축하해 주었다. 또한『구국일보』와 신아동제사 등 언론과 단체도 축사를 보냈다. 그 외에도 쓰촨四川의 재벌이자 혁명가인 양쑤칸楊庶堪과 구이조우재벌 혁명가 우딩창吳鼎昌이 각각 대양大洋(상하이 화폐) 500원씩을 보조하였다고 한다. 신규식은 창간호에서「우리들의 지금 이후의 책임吾人今後的責任」이란 글을 발표하고, 5호~ 22호까지『한국혼』을 연재하였다. 특히 5호에는 자신이 주도하여 발표한「대동단결의 선언」을 게재하였다.

『진단』 10호에는 신규식이 쓴「민족자결과 한국독립」을 실었다. 그 요지는 한국이 나아갈 길이 오직 독립이라는 것, 이를 위해서는 민족자결을 절대절명의 기치로 가슴에 새겨야 한다는 것, 그리고 노예자결이 아니라 진정한 민족자결이어야 한다는 점을 밝혔다. 결국 국민들에게는 '우리가 주체가 되는 민족자결'을 통해 독립을 쟁취하자는 의도를 천명하고, 중국 지도자들에게는 한국독립의 당위성을 선전하는 것이 바로 『진단』을 발간한 신규식의 의도였다.

임시정부는 수립 당초부터 내외적으로 불리한 여건하에서 독립운동의 임무를 수행해야 하므로 3권분립 규정, 대통령중심제와 내각책임제의 절충, 공산주의의 침투문제, 재정원확보, 운동노선상의 이견, 외교활동의 침체 등 많은 문제들로 진통을 겪고 있었다.

게다가 임시대통령은 미국에서 활동하고 있었다. 특히 1920년에 들면서 여러 가지 문제가 발생하면서 상하이 임정에서는 이승만이 임시정부에 부임해서 그 직을 감당할 것을 거듭 요구하고 나섰다. 그런데 임시의정원에서 상하이 부임을 독촉하다가 1920년 5월에 김립金立을 비롯한 차장들이 의정원에 이승만불신임안을 제출하는 사태가 벌어졌다. 이를 정면 돌파하기 위해 이승만은 워싱턴을 출발해 1920년 12월 5일 상하이에 도착하였다.

1920년 12월에 임시대통령 이승만이 상하이에 도착해 체류하는 동안 신규식은 이승만의 입장이나 방침에 충실하였다. 법무총장으로서 내각의 일원인 그는 대통령을 맞아 정부를 안정시키고 독립운동의 구심점 역할을 수행하도록 노력했다. 하지만 이승만이 상하이에 도착한 직후부터 그에 대한 기대와 비난이 엇갈리는 속에서 법무총장인 신규식도 결코 자유로울 수 없었다.

이승만 반대세력이 베이징에 결집하여 군사통일촉성회(1920. 9)와 군사통일주비회(1921. 4)를 결성하면서 이 조직체를 중심으로 그를 비난하고 나섰다. 게다가 이승만이 주도한 1921년 1월 국무회의에서 정국쇄

신안을 논의했으나 이승만은 현상유지책을 주장하며 정부개편은 무산되었다. 이에 국무총리 이동휘가 사퇴하는 등 임시정부의 산적한 문제를 해결하지 못하자 비판의 목소리가 더욱 커졌다. 더구나 1920년부터 논의되던 임시정부의 개편강화에 대한 각지의 국민대표회의 소집 요구가 강력해졌다. 그 회의는 우여곡절 끝에 계속 연기되다가 신규식이 서거한 지 반년이 지난 1923년 1월에 열리게 되었지만, 소집 요구활동 자체가 이승만에게 심각한 부담을 주었다. 특히 박은식을 비롯한 원로들과 의정원 의원들이 1921년 2월 초에 발표했던 '우리 동포에게 고함'이란 선언은 이승만에게는 물론 신규식에게도 충격적이었다.

주변의 반대여론이 들끓자, 임시대통령 이승만을 지탱하던 내각은 대응세력 결집에 나섰다. 당시 신규식과 내각을 구성하던 인물들은 임시정부의 절대지지, 옹호를 호소하며 대동단결을 주장하며 '협성회協誠會'를 조직하였다. 임시정부를 비판하는 선언들이 쏟아져 나온 직후인 3월 5일에 조완구·윤기섭 등 이승만지지자 45명이 '임시정부 절대 유지'를 주장하면서 이승만 대통령을 비롯한 임시정부 절대지지를 부탁하는 선언서를 발표하였다. 여기에 법무총장 신규식과 국무총리대리 이동녕이 적극 나선 것은 당연한 일이었다.

협성회는 1921년 4월 24일에 상하이에서 발회식을 가졌다. 여기서 첫째, 임시정부의 유지, 둘째, '정부'라는 이름에 걸맞은 조직체로 혁신할 것, 셋째, 외교중심적인 노선에서 독립전쟁을 고려한 방략을 검토한다는 성격의 강령을 제시하였다.

신규식도 이러한 구도와 노선에서 임시정부를 유지하는 입장에 섰을 것이라 짐작할 수 있다. 물론 당시 그의 동향을 확인할 수 없지만, 이승만이 상하이를 떠나면서 신규식에게 뒤를 맡긴 사실만으로도 신규식이 당시 임시정부를 옹호·유지하려는 입장이었음을 엿볼 수 있다.

이러한 상황에서 뜻을 달리하는 김규식·안창호가 내각에서 물러나 국민대표회의 추진을 본격적으로 전개하게 되자 이승만은 이 사태를 수습치 못한 채 워싱턴의 태평양회의에 참석키 위해 떠났다. 이승만은 떠나기에 앞서 5월 16일 신규식을 국무총리대리로 임명하여 뒤의 정국을 일임하였다. 이어 5월 26일에는 외무총장직도 겸임케 하여 정부에서 절대적인 권한을 행사할 수 있는 지위에 오르게 되었다.

한편 정부의 개편강화에 대한 문제를 놓고 국내외 독립운동단체의 대표자회의를 개최하자는 의견이 속출하였다. 상하이에서는 안창호·박은식 등이 국민대표회의를 추진하기에 이르렀고, 베이징에서는 박용만·신채호 등을 중심으로 한 군사통일회에서, 만주방면은 여준·김동상·이탁 등이 액목현회의를 열어 각각 국민대표회의 개최를 추진하였다.

결국 임시정부대통령 이승만이 상하이를 떠난 이후 신규식의 행로는 임시정부를 혼자서 메고 가는 형국이었다. 그는 전열을 가다듬어 안으로는 임시정부를 유지해 나가면서, 밖으로는 쑨원이 이끄는 호법정부와 외교활동을 펴며 태평양회의에 대처하였다. 5월 20일의 임시의정원 폐원식에 국무총리대리 겸 법무총장으로서 그는 입법기관과 행정기관의 맥락이 잘 통하고 유지되는 것에 대해 치하하는 '고사告辭'를 발표하였다.

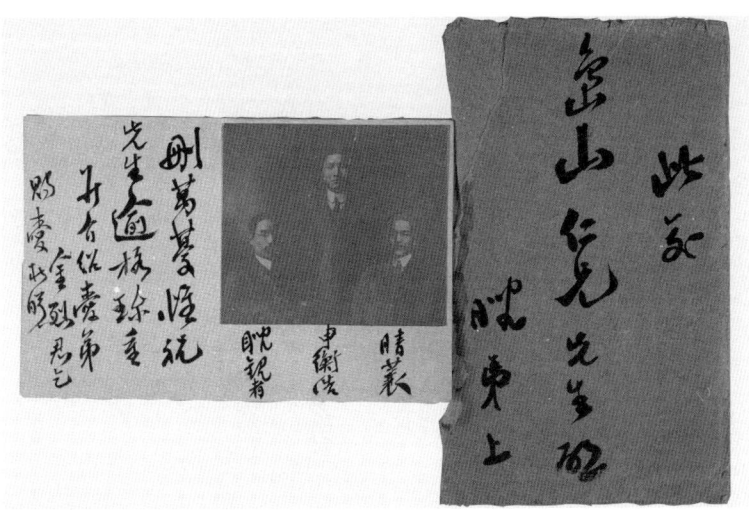

| 신규식이 안창호에게 보낸 편지(상하이)

  중책을 맡은 신규식은 우선 태평양회의에 대한 준비작업에 들어갔다. 그는 임시정부의 국무총리 겸 외무·법무총장으로서 중국과 일본의 각계인사들에 대한 선전활동에 들어갔다.

  워싱턴에서 태평양회의가 진행되는 동안 결과를 관망하느라 임시정부를 둘러싼 불협화음은 잠시 줄어들었다. 임시정부만이 아니라 정부에 비협조적인 인물들도 태평양회의외교 후원회 결성에 참여하였다. 이 후원회는 태평양회의에 참가한 열국이 동양평화의 근본문제인 대한독립을 완전히 승인할 것을 요구하고, 각지의 동포와 단체가 일치단결하여 선전활동에 나서며, 이를 재정적으로 후원한다는 결의 등을 「선언서」에 담았다. 한편 신규식을 비롯한 이시영·이동녕 등은 이 회의를 한국 국권회복을 위한 기회로 판단하여 임시정부를 중심으로 그 대책을 협의

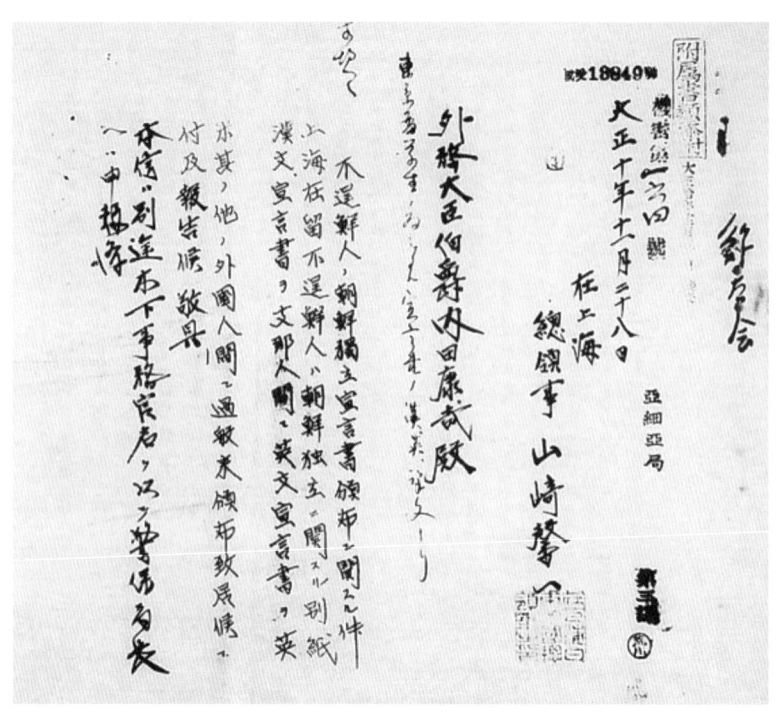

| 태평양회의에 관한 문서 발견의 건

하고, 한국대표단을 파견하여 대한민국의 「요구서」를 제출하는 등 적극적인 외교정책을 폈다. 그에 따라 임시정부는 태평양회의외교 후원회와 협의해 각 방면의 외교활동을 분담하였다. 신규식은 신익희와 함께 중국남방외교의 책임자가 되었다. 신규식은 이승만을 태평양회의에 참가할 대표장代表長으로, 서재필을 출석대표로 결정했다. 이승만도 미국에서 9월 9일자로 국무원과 신규식에게 보낸 공함에서 '태평양대회는 우리 민족의 막대한 기회라. 마땅히 극력 이용해야 한다'고 주장하면서, 자신

은 워싱턴대회에 참가권을 요구할 것이며 한국이 독립국이라는 사실을 확실하게 보여주려 한다는 굳은 의지를 나타냈다.

신규식은 이같은 의도하에 1921년 10월 국무회의의 결정에 따라 대한민국임시정부의 친선전권대사 자격으로 임시정부의 정식승인 문제와 독립운동지원 문제를 교섭키 위해 쑨원의 광둥정부로 가게 되었다.

신규식은 광둥으로 떠나기에 앞서 중국과 일본의 각계 인사들에게 보내는 글을 발표하여 외교활동에 앞서 선전작업을 서둘렀다. 각국 인사들에 대해서는 '대한민국임시정부 국무총리대리 외무총장 신규식'의 이름으로 「대한민국임시정부가 중화민국 각계 여러분들께 드리는 글」을 발표·발송하였다. 그는 이 글에서 중국이 한국독립을 적극 도와야 하는 네 가지 근거를 제시했다. 즉 중국의 역사적 인도주의, 세계대전의 재발을 막아낼 세계평화, 청일전쟁 이래 약속된 국제신의, 순치 관계를 가진 양국의 정세 등이 제시된 근거의 내용이다. 결론적으로 태평양회의에 중국대표를 파견하고 한국 독립문제를 제기하여 세계의 공판公判을 이끌어 내주기를 당부하였다. 또한 일본의 각 법률단체에 9월 말에서 10월 초에 다음과 같은 요지의 통고서를 보냈다.

우리나라를 욕심낸 나라는 귀국이다. 지금 태평양회의를 앞두고 본국에서는 대회에 대표를 파견하려 한다. 귀국은 국제조약에 따라 대회에서 한국의 독립문제를 제출하여 주기를 바란다. 이 문제는 귀국의 자구책 가운데 상책이다. 발칸문제 때문에 유럽전쟁이 일어났듯이 지금 귀국의 지위가 바로 서방의 발칸사정과 똑같다. 때문에 동아전쟁이 일단 발동되면 귀국은 그 어느 나라보다 먼저 참여할 것이 조금도 의심되지 않는다. 본국 문제가 토의될 것을 핵망하며 귀 정부를 재촉하기를 바란다. 이것은 귀국을 위한 자구책이며 양국을 위한 일이다.

예컨대 한국의 독립 없이 동아시아의 평화를 이룩할 수 없으니, 이를 위해 일본 법률단체가 나서서 일본 정부에게 이 문제를 태평양회의에 제출하고 해결하도록 압력을 넣어야 한다는 입장을 강조한 것이다. 이 사실이 보도된 시기가 1921년 10월 5일이므로, 대개 9월 말이나 10월 초에 일본으로 발송된 것이라 짐작된다.

마침내 1921년 10월 26일 새벽 그는 비서격인 민필호를 대동하고 야산雁山부두로 가 프랑스 우편선인 에스 스나일(S. Sniel)호에 승선하여 10월 28일 홍콩에 도착하였다. 10월 29일 아침 그는 당시 원난의 주요 인물인 탕사오이唐繼堯 장군을 만나서 최근 임시정부 및 독립운동의 현황을 언급하고 어려운 현안문제를 이야기하였다. 탕사오이는 임시정부의 경제사정이 어려워 독립투쟁공작이 용이치 못하다는 말을 듣고 선뜻 10만 원元을 찬조하겠다는 의사를 밝혔다. 또한 신규식은 군사적으로 독립군이 청산리대첩의 전공을 거두었으나 고정적 근거지를 잃어 앞으로의 발전이 낙관키 어렵다는 것과 사관후보와 혁명간부 배양문제가 쉽지 않다는 고충을 호소하였다. 이에 대해 탕사오이는 원난에 돌아가서 한국을 위해 최소한 2개 사단의 군관을 양성하여 한국혁명을 원조하겠다고 약속하였다. 그런데 탕사오이의 경제원조건은 당시 상하이 중불은행中佛銀行의 파산으로 이루어지지 못했다. 하지만 한국 임시정부의 증명서를

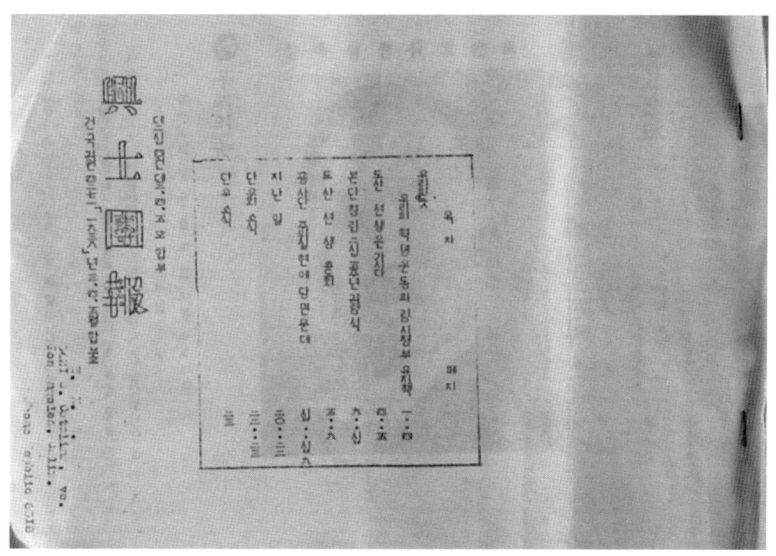

| 상해 임시정부 법무총장의 광동행

소지한 청년 50여 명을 그가 경영하는 군관학교에 입교시켜 독립군 간부양성에 일조하였다.

그날 오후 신규식 일행은 홍콩을 떠나 광둥에 도착하였다. 광둥은 주지앙珠江 북쪽 기슭에 위치하며 주강을 사이에 두고 허난河南과 접하고 있는 인근 100만의 대도시로, 중국 4대 경제의 중요도시 중 하나였다. 또한 이곳은 중국혁명의 원천지로 성 밖의 바이윈산白雲山 황화강黃化崗에는 72열사의 묘지가 있다. 특히 쑨원이 비상대총통에 취임하여 광둥성 안에 주재한 후에는 사방의 호걸들이 이곳에 운집해 북양군벌을 전복시키고 중국을 부흥시키려는 고무적인 분위기가 팽배해 있었다. 10월 30일 신규식은 비상대총통 관부와 각 부회部會 및 각 친지를 방문하였다. 그는 대본영 비서장 겸 총참모 후한민과 대리원장 쉬지엔, 내무부장 뤼티엔민, 외교부장 우팅팡伍廷芳, 차장 우차오치伍朝樞, 총통부 비서장 씨에츠謝持, 재무부장 랴오중카이 등을 만나 광둥 호법정부가 임시정부를 승인하고 한국광복운동을 원조해 줄 것을 밝혔다. 이러한 사전방문은 신규식이 광둥특사로 파견된 목적을 달성키 위해 정부차원에서 문제를 거론하기에 앞서 사적으로 정부요인들과 면담을 통해 원만한 해결을 도모하고자 한 사전포석이었던 것이다. 이에 후한민은 성심성의껏 이 문제를 다루겠다는 뜻으로 다음과 같이 약속하였다.

> 한국과 중국의 두 나라는 역사상으로 말하면 손과 발의 관계와 같은 정의가 있는 것이요, 지리상으로 말하면 이와 입술의 관계와 같이 서로 의지하는 밀접한 관계가 있어 회비가 상관하며, 환난은 서로 도와야 한다. 뜻밖에도 우리 중화민족이 성립된 이래 20년 동안 위안스카이는 황제를 칭하고, 장훈은 복벽하며, 군벌은 할거하니, 내란은 거듭 일어나고 국가에 평안한 날이 없으며, 국민은 생활을 안정하지 못하여 국가 민족의 존망이 실로 위기에 직면하게 되었다. 그러므로 귀국의 광복운동에 대하여 지금까지 아무 이렇다 할 원조를 못하였음을 마음이 아픈 일이고 부끄러움을 참을 수 없다. 이번에 선생이 멀리 우리 호법정부를 방문하여 준 두터운 정은 지극히 감명이 깊은 바로, 저는 반드시 선생의 뜻을 쑨원 총통에 전달하고 시간을 정하여 정식으로 회견할 것으로 약속하며, 한국과 중국의 두 나라의 국시에 대하여 가장 좋은 방법을 상의하고자 한다.

당시 광둥의 각 신문에 '한국특사 신규식 씨가 광둥에 와서 우리 당국과의 협상이 매우 원만하였으며 광둥은 모두 기뻐 경축한다'는 기사가 실렸다.

그뒤 11월 3일에는 쑨원 대총통과 예비접견을 갖고 광둥특사로 방문하게 된 요지를 전하고 임시정부 승인과 독립운동 원조를 청하면서 아울러 임시정부가 마련한 호혜조약互惠條約 5관款을 전하고 제가를 청하였다.

당시 쑨원은 기본적으로 광둥정부는 한국의 독립운동에 응당 원조할 의무가 있음을 전제하고 아직 중국혁명이 완수되지 못한 현황을 안타까워했다. 즉 모든 실력원조는 북벌계획이 완성되는 것을 기다린 후 시기가 오면 전력을 다해 한국 광복운동을 원조하겠다고 진심어린 약조를 하였다. 아울러 후한민은 이에 덧붙여 "한국은 동아 발칸으로 한국 문제가 조속한 시일 안에 해결되지 않으면 아시아 주의 시국 대세가 균형을 잃어 동아의 평화를 유지할 방법이 없습니다. 그러므로 우리 대총통은 몸소 삼민주의를 제창하고, 아울러 대 아시아주의를 내걸었으니, 이것이야말로 참으로 아시아 문제를 해결하는 열쇠가 됩니다. 주의와 사상에 있어서 함께 뭉치어 진정한 평화를 함께 꾀한 후에야 동아의 영구 평화가 비로소 실현될 것입니다"라고 중국 광둥정부의 입장을 설명했다.

이날의 예비접견의 성과에 힘입어 쑨원과 국회비상회의의 적극적인 도움과 한국 광복운동에 대한 원조를 공식화 할 길을 찾게 되었다.

마침내 11월 18일 광둥정부 북벌서사北伐誓師 전례식典禮式과 한국특사를 정식으로 접견하는 의식이 거행되었다. 신규식은 이날 흑색 대례복을 입고 당기와 중국 국기가 걸리고 화려한 꽃으로 장식된 회장에 나갔다. 쑨원 대원수와 총통부의 각원 전부, 참의원과 중의원 전원, 육해군 장교 전원이 참석한 가운데 의식이 거행되었다.

신규식은 축사를 읽고 국서를 대총통에게 상정하였으며, 쑨원 대총통은 이를 접수하고 임시정부의 특사파견은 영광으로 여기며 두 나라의 외교관계가 열리어 장차 친선우호의 길이 영원히 유지될 것이라고 답사하였다. 예식을 마치고 나오면서 신규식은 이번 특사의 쑨원 총통 접견은 비록 의식에 불과하지만 임시정부 수립 이래 가장 기념할만한 하나의 큰 사실이며, 자신이 중국에 망명한 이래 가장 영광스러운 하나의 큰 사실임을 상기하면서 앞으로 자신들의 책임이 중대함을 다시한번 깨달았다.

이 공식접견에서 다음과 같은 5개조의 외교문서를 전달하였다.

① 대한민국임시정부는 호법정부를 중국 정통의 정부로 승인함. 아울러 그 원수와 국권을 존중함.
② 대중화민국 호법정부가 대한민국임시정부를 승인할 것을 요청함.
③ 한국 학생을 중화민국 국교에 수용하여 교육할 것.
④ 5백만 원을 차관하여 줄 것.
⑤ 조차지대를 허락하여 한국독립군 양성에 도움이 되게 해줄 것.

이 중 4, 5항은 광동정부로서 조처할 능력이 없는 문제였으나 그 외에는 당장 실질적 소득은 없었어도 상당한 효과를 거두었다. 즉 쑨원과 국회비상회의의 적극적 찬성으로 임시정부에 대한 정식 승인을 얻었으며, 군사교육건은 각 군교에 한국자제를 수용토록 명령할 것과 북벌계획이 완성되면 전력으로 한국의 복국復國운동을 원조해 줄 것을 약속해 주었다.

신규식의 노력에도 불구하고 상호승인 문제는 형식적으로 양 국가의 의회 승인절차를 거쳐야 하는데, 쌍방이 이를 마치지 못했다는 한계가 있다. 그렇지만 실제로는 상호 승인을 달성했다고 말해도 무리가 없다.

다시말해 11월 18일 광동정부 북벌서사北伐誓師 전례식 때 임시정부의 대표를 정식 외교절차에 따라 접견함으로 공식적 외교관계가 성립한 것이다. 또한 비록 정부승인은 아닐지라도 이를 찬성하는 쑨원의 의지가 광동국회에서 한국독립 승인안을 상정하고 통과시켰다는 점이다. 그리고 임시정부는 1922년 2월 외무부 외사국장 박찬익을 광동주재 임정대표로 파견하여 외교업무를 관장케 하였던 것과 호법정부에 주차하는 동안 호법정부로부터 경비로 매월 광동 화폐 5백 원元씩 6개월 동안 원조르 받았다는 점 등에서 공식적인 승인의 성격을 살필 수 있다.

이와 같은 외교적 성과는 임시정부 사상 소련에 이어 두 번째로 달성한 공식적인 외교 관계로서 중요한 의의를 갖는다. 이러한 성과를 거둘 수 있었던 배경은 신규식이 임시정부 수립 전부터 중국혁명의 근거지인 상하이지역에 기반을 두고 중국혁명에 직접 참여하는 등 신해혁명에 대한 열렬한 지원을 아끼지 않았으며 물심양면으로 중국 혁명지사들을 지지·후원하면서 그들과의 혈맹관계를 다져 나갔던 데에서 찾을 수 있겠다. 그 결과 양국 간의 상호협조체제를 구축할 수 있는 초석이 다져진 것이다.

신규식은 또 쑨원에게 태평양회의에 대해 공동으로 대처하자고 요구

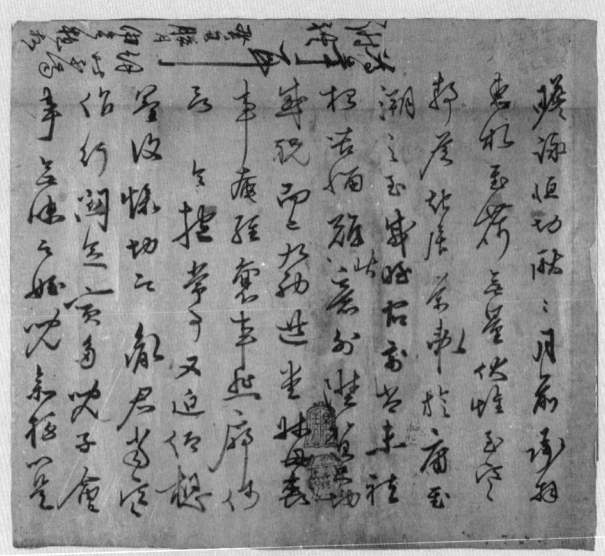

| 신규식이 쑨원에게 임정승인 요청편지

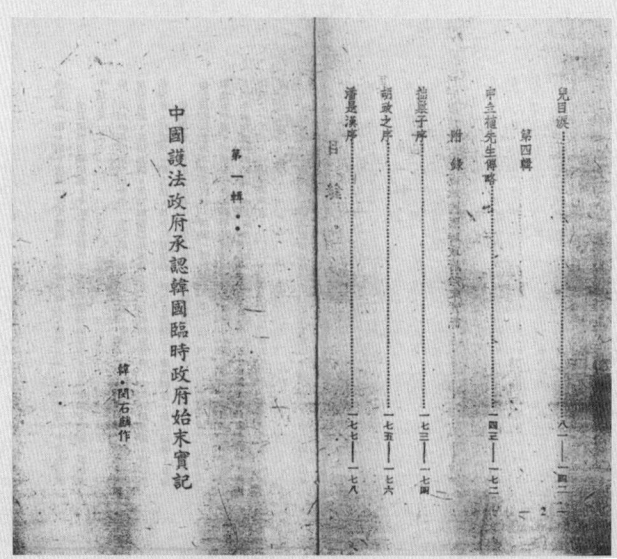

| 신규식-중국호법정부승인 한국임시정부

하였다. 그는 대한민국임시정부가 파리와 워싱턴에 구미위원부를 설립하고, 범태평양회의에도 한국대표를 파견하여 선전하고 있으니, 호법정부도 중국대표에게 지시하여 한국을 도울 것을 청하였다. 쑨원은 태평양회의의 한계를 지적하면서도 신규식의 요구에 합의하였다. 태평양회의에 대한 협조약속은 당장 광동지역에서 구체화되었다. 즉 광저우의 한중협회가 "워싱턴에서 열리는 태평양회의에 대하여 한·중에 대한 요구조건을 전보로 제출하기로 결정"한 것이다. 아울러 이 협회가 한국과 중국에 대한 일체 비밀조약 및 강박조약(21개조 산동문제 등, 한국에 대한 을사조약과 합병조약)은 무효이며, 한국독립과 중국영토 완전 담보를 약속한 마관조약의 완전이행을 촉구하는 선언을 발표하는 성과를 거두었다.

신규식이 호법정부를 방문하는 동안 광동신문도 임시정부의 특사에 대한 호감어린 기사를 게재하였다. 예컨대『광동군보廣東群報』가 '정부의 한국사신에 대한 태도政府對付韓使之態'라는 제목 하에 자세한 내용을 보고하였는데 호법정부요인들이 신규식을 극진히 대접하였음을 읽을 수 있다.

우리 신정부가 그를 접대하는 데 정부 각 요인이 비록 국제관례에 따라 아직 정식으로 접견할 수 없지만 신군申君이 다년간 함께 고생한 사람이라 만약 형세에 구애된다면 매우 편치 않을 것이라. 특별히 사사로이 정을 나누고 여러 차례 만나기를 청하니 대리원장大理院長 쉬지에롱徐季龍 등의 요인들이 연일 노우老友로서의 정을 나누고 연회를 열어 환영하고 있다.

이어서 신규식이 쑨원을 만나는 장면을 보도하면서, 특히 신규식이 말한 내용을 자세하게 표현하였다.

신군이 수좌首座(쑨원 ; 필자)를 알현하매 송사를 아뢰니 그 정의가 진지하다. 대개 그 내용은 이렇다. 한국이 회복독립을 선포하고 공화정부를 개건하였으니 국체가 귀국과 같습니다. 이후 일체의 귀국이 찬조해 줄 것으로 믿고 그것이 이루어질 것을 낙관합니다. 규식이 총통의 내리사랑을 입은 지 10년에 각하께서 하늘을 슬퍼하고 국민을 애틋하게 여기며 길이 대동에 있음을 깊이 알게 되었고, 이제 중화를 안정되게 지키며 대국大局을 주지하며 새로운 국변을 이끄시니 더 이상 기쁠 수가 없습니다. 삼가 각하께서 이웃이 스스로 구할 수 있도록 더욱 새겨주시길 바랍니다. 동아화평이 이에 영원히 보존되기를 실로 본국정부와 2천만 인민이 기도하는 바입니다.

정식접견을 무사히 마친 신규식 일행은 광동 근처에서 머무르던 중 12월 중순이 지나갔다. 이즈음 총통부 요인들은 쑨원 대원수를 따라 북벌을 위해 북상하였으나, 신규식은 계속 거기 머물면서 한가한 틈을 타서 시내 사면沙面에 주재하고 있는 각국의 영사를 방문하는 등 외교활동을 계속하였다. 12월 22일 오전에는 신신新新호텔에서 사면의 각국 영사를 초대해 임시정부와 한국독립운동 전개에 대한 각국의 협조를 부탁하였다. 이때 프랑스, 미국영사와 총통부의 내빈을 비롯해 수십 명이 모였는데, 신규식은 임시정부가 상하이에 성립해서 활동하고 있으며, 3·1

운동 당시의 실상과 각 지역 한국 민족의 독립운동상황을 설명하였다. 또한 그는 중국 호법정부가 대한민국임시정부를 정식으로 승인한 경과를 밝히고 열국이 한국 독립운동에 대한 적극적인 협조와 지도를 바란다고 연설하였다. 그리고 이에 대한 프랑스와 미국 영사의 협조차원의 답사를 듣고 성황리에 연회를 마쳤다.

이렇듯 눈부신 활동을 통해 소기의 목적한 바를 무사히 완수한 신규식 일행은 그 해 12월 25일 광둥을 떠나 귀로에 올랐다.

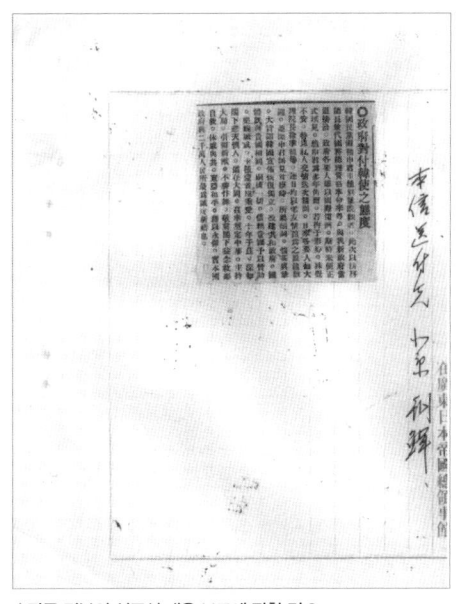
| 광둥 정부의 신규식 대우 보도에 관한 건 2

대동단결을 기원하며 순국하다

1921년 5월 이승만이 떠난 후 임시정부에서 신규식의 위상은 사실상 중국에서 전권을 장악한 상태였지만, 안창호나 이동휘 등 많은 인사들이 임시정부를 떠나 1922년 초까지 임시정부를 거의 혼자 힘으로 힘겹게 버텨가며 그 소임을 감당해 내고 있었다. 그러나 신규식이 중국 호법정부의 승인을 받은 후로 한국혁명은 일대 전환기를 이루었고 독립운동의 앞길에는 한줄기 빛이 비치기 시작하였다.

1922년 2월 임시정부가 태평양회의 외교후원회를 결성하여 다각적인 외교활동을 통해 독립의 기회를 마련코자 했던 태평양회의는 오히려 일본의 세력강화와 국제정세의 안정이란 방향으로 끝났다. 그 결과 이에 기대를 걸었던 독립운동 지도부는 다시 한 번 실망을 맛보아야 했으며, 외교방략의 재검토가 대두되면서 임시정부는 사실상 무정부상태로 빠져들게 되었다. 그리하여 제10회 임시의정원회의에서 국민대표회의에 대한 인민청원안이 통과되고, 대통령 이승만 불신임 결의가 대두되었다. 이후 태평양회의에 거는 독립운동가들의 기대로 인해 잠시 주춤했던 국민대표회의 개최가 급속히 재개되는 와중에 신규식 내각은 내각 총사퇴를 결의하여 1922년 3월 20일 군무총장을 제외한 모든 국무원이 사퇴하였다.

　이러한 임시정부와 독립운동전선의 분열 상태를 비관하여 신규식은 5월 이후 심장병과 신경쇠약으로 병석에 눕고 말았다. 그를 병석에 눕게 한 치명적인 또 하나의 요인은 다름 아닌 후이조우陳炯明의 혜주惠州 반란이었다. 그해 5월 중국 광둥정부 수립의 결정적 힘이 되었던 광둥의 군벌인 후이조우가 쑨원에게 반기를 들고 쑨원 등 혁명세력의 거두에게 체포령을 내렸다. 다행히 쑨원 등은 위기를 모면하고 광둥을 떠나 상하이로 이동하였다.

　신규식은 광둥정부에 특사로 다녀온 뒤 한국 임시정부와 중국 호법정부는 이미 환난을 같이 할 형제의 의를 맺었을 뿐 아니라 운명을 가를 수 없게 되었다고 믿고 있었다. 따라서 그는 쑨원의 혁명정부의 안위, 나아가 중국혁명의 성패는 곧 한국독립운동의 성패와 공동운명이란 믿음이 더욱 깊어졌다. 그러므로 신규식은 후이조우의 반란으로 중국과 한국이 지닌 모든 희망과 꿈이 사라지게 되는 좌절을 겪을 수 밖에 없었다. 이 소식을 들은 그는 "중국의 불행이 어찌 이다지도 심한가? 중산 선생이 애를 써서 이룩한 사업이 전부 수포로 돌아가고 말았구나! 이것은 비단 중국의 불행일 뿐만 아니라 또한 한국의 큰 불행이로구나"라고 탄식하며 깊은 시름에 잠기게 되었다.

중국혁명의 실패, 임시정부 개혁논의를 둘러싼 계파간의 극한 대립, 임시정부 내부의 의정원과 대통령의 대립 등 한국독립운동이 운동방략 문제를 두고 진통을 겪고 있는 현실을 보면서 신규식의 상심은 날로 깊어졌고 그로 인해 병도 악화되었다. 그의 수면 시간과 음식의 양이 날로 줄어들었으며, 말수 역시 줄어만 갔다. 하지만 그의 눈초리만은 전보다 더 음울한 빛이 감돌았으나 전과 다름없이 예리하였다. 몸은 날로 여위고 파리해졌지만 깊어가는 병환 중에도 그는 혼자 창 앞에 서서 창 너머 푸른 하늘을 쳐다보며 다른 사람이 알아들을 수 없는 말을 자신에게 말하듯 중얼거리곤 하였는데, 그때 표정이 몹시 고통스럽고 침울하여 보는 이로 하여금 가슴이 에이는 듯 하였다.

1922년 8월 초순 찌는 듯이 무더운 여름 날, 신규식은 여느 때처럼 창가에 섰다. 살이 홀쭉히 빠진 그의 양볼에는 깊게 주름이 잡혔다. 그는 백지장처럼 하얗고 움푹 팬 눈으로 창밖의 푸른 하늘을 우러러 보다가 갑자기 "나는 아무 죄도 없고, 나는 아무 죄도 없소. 그럼 잘들 있으시오! 우리 친구들이요. 나는 가겠소. 여러분들 임시정부를 잘 간직하고 삼천만 동포를 위하여 힘쓰시오. 나는 가겠소. 나는 아무 죄 없소"라는 자책하는 듯한 독백을 남기곤 입을 다물었다.

신규식은 신병으로 세상을 떠났다고 하지만, 사실은 병환이 심한데도 단식하고 약도 거부하여 강제투약 방법까지 동원했다고 하니, 분명 병사는 아니었다. 사실 국내에서도 나라를 위해 두 번이나 자살을 기도했던 경험으로 보아 당시의 정황을 고려하면 스스로 목숨을 끊기로 결심했던 것이 아닌가 하는 추측이 가능하다. 당시 곁에서 보고 전했던 비서 민필호에 의하면 임시정부 내의 실상이 여러모로 복잡하였고, 미국에서 오기로 약속된 독립운동자금도 오지 않고 또 지원해주기로 한 쑨원의 광둥 호법정부도 중국 내의 혼란스러운 상황이 생겨 어려워지자 신규식은 정신적으로 타격을 많이 입어 치료하여 살기보다는 스스로 목숨을 끊기로 작정하셨던 모양이었다고 하였다. 또한 약마저 거절하고 병중에도 2층 방문을 꼭 잠그고 입고 있던 옷마저 벗어 창문 열고 필요한 이에게 던져버렸던 그의 행동으로 미루어 더욱 순국하려 한 것으로 판단하고 있다.

그 뒤로는 침대에 누워 줄곧 단식하고 말도 없이 눈을 감은 채 누워 있기만 하였으며, 매일 약간의 뜨거운 물을 마실 뿐이었다. 그 결과 병세가 중해져 매우 야위어 보기에도 무서울 정도가 되었다. 이에 아우 건식이 달려와서 식사와 약들기를 권했으나 전혀 미동도 하지 않았다. 이즈음 그의 고향에서 모친인 최씨 부인이 작고했다는 부음이 전해졌다. 망명한 두 아들을 부르다가 임종했다는 소식이었으나 친지들은 병중에 있는 그에게 알려 주지 않았다. 병세가 더욱 악화됨에 동지들도 더 이상 볼 수가 없어 억지로 음식을 들도록 하고 항문에 링거 주사를 놓아 영양을 보급하였다. 그러자 신규식은 평소에는 몸소 반항을 못하였으나 이때는 감았던 눈을 갑자기 뜬 채 노기 띤 눈빛을 보냈다. 이후 신규식이 죽음을 결심하고 불식不食·불어不語·불약不藥한 지 25일째 되던 9월 25일(음력 8월 5일) "정부! 정부!"란 마지막 말을 남기고 운명하였다.

이처럼 그는 죽는 날까지 임시정부의 앞날을 염려했으며 독립운동계 계파간의 알력과 분열을 안타까워하였다. 삼천만 동포를 일제의 노예상태에서 해방시키기 위해서는 모두가 대한의 혼을 간직하고 하나의 지도자 하나의 정부 밑에 단결해야 한다는 신념을 가졌던 신규식은 세상을 등지면서 남은 동지들에게 대동단결을 촉구하는 의미의 말을 남긴 것이었다.

향년 43세로 1남 1녀를 두었으며 딸 명호明浩는 민필호와 결혼하였고 아들 상호尙浩는 당시 열살이었으나 17세 때 항저우에서 요절하여 항저우 교외에 안장되었다.

즐풍목우櫛風沐雨한 일생을 나라와 민족을 위해 바친 신규식의 죽음을 기리기 위해 한국과 중국의 옛 동지, 그를 따르던 애국청년 등 1천여 명이 장례에 참석했다. 본국·중국·미국 등 각지의 신문들도 신규식의 서거를 기사화하고 애도하였다. 당시 신규식을 추종하던 청년들이 그의 죽음을 깊이 애도하였는데 그중 김충일이란 청년은 큰 충격을 받아 미치고 말았다니 신규식에 대한 이들의 충정을 짐작하고도 남음이 있다. 그의 유해는 상하이 프랑스조계 홍치아오만국공묘虹橋萬國公墓에 안치되었으며, 비문은 친지인 조완구가 썼다.

중국신문 『신보申報』는 그의 죽음에 대하여 '대한민국임시정부 신규식 총리의 신경쇠약증은 임시정부의 형세에 의해 더욱 깊어졌고, 또 그

신규식 순국 보도기사(『동아일보』 1922. 9. 28)

것 때문에 생명을 유지해 나갈 의미를 상실한 까닭에 9월 1일부터 스스로 식음을 전폐하고, 말도 하지 않겠다고 선언했다'고 전하고 있다. 결국 이 기사는 그의 죽음이 병으로 인한 것이지만 실상은 자결순국이라고 평가한 것임을 알 수 있다.

중국학자 후린胡霖은 "중국에 대한 신규식의 희망은 너무 커 오히려 동료들의 불만을 자아냈다. 정신적으로 고통스러워하는 그의 모습에 나는 애처로움으로 복받쳤다. 이제 그와 더 이상 만날 수 없다. 실망과 비애가 이 뜻이 굳고 학업이 우수했으며 재능이 출중한 사람을 우리들로부터 영원히 앗아간 것이다"라고 신규식을 추억했다.

그의 순국소식은 상하이임시정부가 발행하는 『독립신문』 1922년 9월 30일에 그의 초상과 함께 보도되었다. 또한 국내에서는 『동아일보』 1922년 9월 28일자에 기사 글머리를 충애忠愛란 그의 친필로 시작하여 조국독립에 투신한 일생을 정리해 보도하면서 사진도 함께 실어 그의 항일투쟁을 높이 기렸다. 그 뒤 1922년 10월 1일에는 국내 대종교 남도본사에서 남녀신자들이 모여 신규식추도회를 개최한 사진과 기사가 신문에 실렸다.

신규식이 순국한 지 1년 후에 그의 역사관이 담긴 한국통사 『한국혼』이 출간되었다. 중국학자 후린은 다음과 같은 글을 서문에 적어 신규식의 독립투쟁의 산증인이 되었다. "한국 문제는 일본 군벌이 일본 국민에게 남긴 하나의 큰 빚이다. 이 빚은 언젠가 청산되어야 한다. 폴란드가 독립하고 체코가 새롭게 부흥하였으며 인도와 이집트 역시 기필코 독립할 것이다. 한국 문제 또한 오래 방치하지 않을 것이다. 신규식

| 상하이의 만국공묘

선생 그는 비록 우리를 떠났지만 그의 정신은 절대 죽지 않을 것이다. 그리고 베트남의 혁명가도 그를 기려 '계속해 영웅들 일어나 마음모아 배를 저어가니 나라의 혼은 살아날 것이고 선생 또한 영원하리'라고 하였다.

1993년 한국 정부는 중국 정부의 동의를 얻어 전용비행기를 보내 상하이 만국공묘에 있던 신규식 등 임시정부 요인 다섯분의 유해를 국내로 봉환해 성대한 국장으로 예우하고 국립현충원에 안장하였다. 그가 조국을 떠난 지 81년만이며 순국한 지는 70년, 조국이 나라를 되찾은 지도 이미 반세기가 넘었던 때였다. 실로 너무나 뒤늦은 귀환이었다.

4 신규식 민족운동을 논하다

시로 세상과 소통하다

신규식의 저작은 거의 전하지 않고, 현재 전하는 것은 사론집 『한국혼』과 시집 『아목누』뿐이다. 그중 신규식이 남긴 수많은 한시들을 묶은 것이 바로 『아목누』다. 이 책은 신규식 탄생 60주년을 기념하여 쓰촨성四川省 충칭重慶에서 출판된 그의 유일한 시집으로 일명 『예관시집』이라고도 한다. 이 시집에는 그가 1909년부터 1922년까지 10여 년 사이에 창작한 160여 편의 율시律詩와 산문시가 수록되어 있다. '아목누'란 제목이 암시해 주듯 나라를 빼앗긴 '소년의 피눈물'로 엮은 고통과 울분의 호소이며 진리와 광명을 찾아 자신을 던진 시인의 피어린 발자취에 다름 아니다.

이 시집에 실린 수많은 시들은 그가 세상과 소통하는 길이요, 매체였다. 여기엔 그의 인간관계·내면세계, 그가 정말 하고픈 이야기가 담겨져 있다. 예컨대 새 삶을 가져다 준 나철, 결의맹세한 의형제 조성환, 평생 함께 독립운동전선에 섰던 조완구와 그 외에도 실천적인 혁명운동가로 같은 문중출신인 신채호·신백우 등을 비롯해 박은식·조소앙·안창호·홍명희·노백린 등의 독립운동가, 나아가 쑨원·황커치앙·쑹 자오런·맹석 등의 중국혁명가 인사들과 마음을 나눈 시가 다수 수록되어 있다. 그러므로 이 시집은 한국독립운동사에 대한 좋은 자료집이 될 것이다. 그의 시를 들여다보면 그가 무엇을 생각하고 말하고자 했는지와 어떠한 인간관·시대관·민족관을 가졌나를 엿볼 수 있다. 이제 그의 시세계로 들어가 보자.

신규식은 앞서 살핀 바와 같이 7백 리 요동벌과 산하이관·베이징·톈진·칭따오·자오저우만을 지나 중국 강남땅으로 망명하는 기나긴 방랑길에서도 언제나 두고 온 고국의 운명을 걱정하고, 늘 민족의 광복과 자주독립을 실현하려는 정치적 이상을 가슴에 품었다. 그는 산하이관을 지나면서 다음과 같은 시를 읊었다.

산하이관에 이르러
청구땅엔 해가 지고 산하이관엔 하늬바람 불어치는데
충정으로 불타는 섭군의 말상
이 가슴 한없이 후럽혀 주네

여기서 '청구땅'은 한국을 가리키며, '해가 졌다'는 일제에 강점되어 빛을 잃은 현재 한국의 모습을 의미한다. 이어 '산하이관에 하늬바람이 불어친다'는 일제의 검은 마수가 이미 중국 땅에 뻗치고 있음을 암시한 것이다.

그리고 그가 처음으로 중국으로 망명하고자 했을 때는 중국혁명에 희망을 걸고 외교상 합법적 과정을 통한 민족독립을 요망했던 자신의 정치적 포부를 펼치리라 예상했으나, 중국의 실상을 파악하고는 가슴 치며 울부짖었다.

스스로 슬퍼하노라
한가슴 맺힌 사연 털어놓고 싶어도 그 사연 무엇인지 알길 없구나
알고 보니 그것은 나라 잃은 울분이라 쌓이고 쌓이는 건 설음의 텅이라네

상하이에 모여든 민족운동가들을 격려하여 지은 시에서는 자신이 상하이에 최초로 조직한 항일민족독립운동단체인 동제사의 취지와 그 나아갈 길을 제시하고 있다. 예컨대 나라 잃은 동포에게 한배를 탄 운명공동체임을 상기시키고, 오직 살길은 '동제'란 뜻처럼 일치단결하여 일제침략세력을 몰아내고 민족의 자주독립을 하루 속히 실현하는 것임을 시 속에서 강하게 주장하고 있다. 즉 동제사의 혁명지침을 생생하게 개관하고 있다.

제제다사들 장하고나
세상이 뒤바뀌는 지금은 몇일인가
아픔과 괴로움 세 겹으로 나를 감싸니
말만 앞세우는 것은 헛된 일
실천만이 유일한 방책.
그리운 강산은 어디로 가는가
바람과 물결 내 배와 함께 가는데

젊은이들은 씩씩함 넘치고
백발의 장년들은 굳세구나.

저들 속에 물길 헤쳐 가는
사공들 있으니,
한 마음으로 저 언덕에 오르자고
여기 여차 소리 맞추네.

그는 시를 통해 민족혁명지사들과 소통하여 이들을 기리는 한편, 후세에 전하는 역할을 감당한 것이다. 그 대표적인 시가 「하얼빈 의거를 찬양하여」로 안중근이 이토 히로부미를 척결했다는 쾌보를 들었을 때의 격한 심정을 읊은 송가이다. 여기에는 내면 깊이 민족영웅에 대한 무한한 흠모와 높은 민족적 긍지감이 녹아 있다.

하얼빈 의거를 찬양하여
푸른 하늘 대낮에 벽력소리 진동하니
6대주의 많은 사람 혼담이 뛰놀았네
영웅 한번 성내자 간웅이 꺼꾸러지고
독립만세 세 번 부르니 우리 조국 살아났네

신규식은 또 다른 모습의 안중근을 마음에 품어 시로 풀어냈다.

여순에서 장렬한 최후를 마치다

조국광복을 자기의 사명으로 삼았고

동아의 평화를 공정하게 역설했어라

그해 할빈역두에 뿌려졌던 그 피는

어찌 장군의 넋을 위안할 수 있으랴

안중근 의사를 추도하여

눈물 쏟으며 어머님과 작별하고

손가락 끊으며 대중에 맹세했도다

장한 뜻 못 이루어 한스럽거니

원수 죽이고 영용이 몸바쳤도다

선생은 참된 열사로 되기에 손색이 없으매

세계의 인민들은 누구나 한때 놀랐도다

평화를 유지하는 것이냐

독립을 회복하는 것이냐

실로 그 유언을 어기고

역적은 나라를 팔았구나

이 상산에 뼈묻을 곳 없으니

후에 죽을 자는 어이 위령할고

또한 국권을 상실한 1910년 망국의 사태를 어떤 자세로 임해야 하는

가를 시를 통해 보여주었다.

금산군수 홍범식을 추도하여
5백 년간 조신들을 길렀는데
어이하여 문무백관 도망쳤느뇨
삼강오상 금산에 남겼으나
군수는 생명보존이 부끄러웠네

직위가 군수에 그친 말단의 정부관료도 나라를 빼앗긴 통한에 대한 책임을 자결로 세상에 사죄하였건만, 조선왕조나 정부관료는 망국의 책임에 눈을 감고 일신의 안위만을 염려한 것을 비교하며 개탄해 하는 자신의 마음을 담은 시다. 본인 역시 자결을 시도했던 바 홍범식의 넋을 기려 노래하였다.

신규식은 중국 신해혁명에 대한 희망을 품고 그것이 한국혁명으로 이어지는 길임을 굳게 믿어 그 마음과 생각을 시에 담았다. 우선 신해혁명 전야에 쓴 시 「베이징에 이르러」에서 바야흐로 흥기되고 있는 중국혁명에 대한 동경심을 노래하였다.

서현자에게
서울 떠나 어연간 삼천 리
해질 무렵 베이징에서 옛 친구 만났구나
중화의 회소식 정말인지

눈물겨워 오랫동안 말 못하였네

신해혁명에 직접적인 참가했던 그는 쑨원·황싱 등 민주주의혁명가들과 손잡고 싸우면서 중국혁명의 승리를 위해 분투하는 그들의 거룩한 업적을 충심으로 노래하였다. 신해혁명 당시 혁명군총사령으로 부임하고자 우한으로 떠나는 중국동맹회의 저명한 지도자 황싱에게 보낸 시에서 신규식이 청조 봉건통치계급에 대한 무한한 증오와 중국혁명의 승리에 대한 확고한 신념으로 점철되어 있음을 보여준다.

보검

흉악한 원수부터 목을 자르고
이웃의 배신자도 소멸하소서
요물들을 모조리 박멸하거든
태평양에 넣어서 피를 씻으소.

신해혁명 후 쑨원이 중화민국 임시정부 대총통에 취임하는 경사를 접한 그는 「손중산에게 드림」, 「손중산대총통을 축하하여」 등 격정적인 시구를 적어 쑨원을 칭송하였다.

손중산에게 드림

험악한 세상에 거룩하신 분 태어났네
강남땅 험난한 길 누비시여

바라고바라던 우창봉기 일으키던 날
천군만마 한결 같이 호응하여 나섰네

쑨원을 칭송한 시에서 쑨원을 광영과 희망의 상징인 '해와 달'에 견주고 '사해의 백성이 환호하는' 당시의 위대한 지도자로 높이 칭송하면서 중국혁명의 선구자들에 대한 크나큰 기대와 소망을 강렬한 시어로 노래하였다.

쑨원대총통을 축하하여
공화국 새 세상 만들어
낡은 세상 돌려세우니
사해의 만백성 즐거워
손중산 우러러 모시네

중국혁명운동에 직접 동참한 신규식은 민주주의 혁명투사인 자신의 입장을 숨기려 하지 않았다. 그는 위안스카이에게 피살당한 천치메이, 쑹 자오런, 우루쩐吳祿貞 등 중국 혁명운동가들을 기념하여 쓴 수십 편의 애도시와 「남사」의 저명한 애국민주주의 시인 류야쯔, 쉬쉬에얼, 타이이太一을 찬미하여 쓴 서정시를 지어 혁명적 동지애를 만천하에 드러냈다.

1913년 제2차 혁명의 실패로 위안스카이는 반혁명의 기치로 봉건적인 왕정복고로 방향을 선회하고 1915년 1월에는 중국군벌 정부가 일본 제국주의에 굴복하여 매국적 21개조를 접수하는 수치스러운 상황이 펼

| 중국 우인과 남경에서

쳐졌다. 신규식은 이 수모를 당하는 치욕의 날에 「남사에 드림」(1915)을 지어 동사의 시우들에게 안타까운 마음을 전하였다. 이 시에서 매국적 21개조의 체결을 저주 규탄하면서, 중화민국의 애국지사들에게 조선 경술국치를 교훈삼아 일제의 속임수를 간파하고 위안스카이의 매국매족 행위를 단호히 제지시킬 것을 간절히 호소하였다.

또한 당시의 시국을 노래한 시에서 그는 중국 반동군벌의 끊임없는 혼전으로 빚어진 암담한 현실을 신랄하게 폭로하였다.

사랑과 증오엔 사심이 없고
받들거나 거역함은 공리에 달린 것이어늘
어찌하여 한 종족끼리 다투고 있을까

그 새에 엉뚱한 제3자 이득 보겠네

그는 이 시를 통해 '어부지리'의 역사적 교훈을 피력하고 제국주의 열강들의 이간과 도발 음모에 경각심을 높일 것을 거듭 강조하였다.

다음 시는 중국의 암담한 현실에 대한 예리한 관찰과 제국주의 열강들의 무력침공에 대한 높은 경각성을 극명하게 드러낸 그의 대표적인 시다. 여기서는 중국인에게 한국망국을 교훈 삼아 절대 전철을 밟지 말라고 당부하고 있다. 중국 군벌 간의 할거와 분열을 목격하며 제국주의 열강들이 이것을 기회로 세력을 확대해 나가는 모습에 비통함과 위기의식을 느껴 경종을 울리려는 마음에 지은 시다.

연시초약이 체결되었다는 소식을 듣고
간신히 살아 8년 전을 얘기하자니
사방으로 중원 돌아보니 너무도 가련해라.
아침저녁으로 들이닥치는 왜병들 누가 감히 막을진대
서남 땅 장사들마저 서로 다투네.
용화산에 봄 지니 영사가 그립고
구름 낀 사자산은 그대를 보내는데 4억 근의 살찐 고기덩이
왜놈들이 토막 내 요리하는 것만 같네

신규식은 신해혁명 실패의 교훈으로부터 위안스카이의 매국매족 행위, 천치메이와 종교인의 피살, 남북군벌의 끊임없는 혼전, 쑨원의 해외

망명에 이르기까지 8년간의 복잡다단한 정치적 사변들을 생동감 있게 화폭으로 그려내고 있다. 아울러 4억 중국인민이 '도마에 오른 생선처럼' 식민주의자들에게 도륙당하는 가슴 아픈 현실을 상기시킴으로써 자유, 민주에 대한 지향과 원수격멸의 투지를 불러일으키고 있다.

그는 조국독립의 희망이 쑨원과 황싱 등 중국혁명가들과 밀접한 연관 속에서만 이루어질 수 있다고 믿었으며 스스로 혁명에 참여함으로써 시대의 선구적 역할을 담당했다. 당시 세간에는 "중국에는 쑨원이 있고 조선에는 신정이 있다"라는 말이 떠돌았다. 이 말처럼 그는 조선혁명을 위해 온몸으로, 혹은 혁명이념으로 무장한 민주혁명 찬양시로 혁명에 나섰다.

황커치앙黃克强에게 보낸 시에서 그는 이렇게 노래하였다.

우선 극악무도한 자를 죽이고,
이어 약속을 어긴 이웃 일본을 죽이고,
남은 힘으로 뭇 요물들을 물리쳐,
태평양으로 내던진 뒤 피먼지를 씻노라

제국주의와 봉건주의를 반대하는 그의 진보적인 태도는 위안스카이에 의해 살해된 중국의 근대 민주 혁명가를 애도하기 위해 쓴 수많은 시 속에 집중적으로 반영되어 있다.

우환칭을 애도하며
산하는 다시 일어나리니 선생께선 한스러워하지 마시라

해와 달이 함께 빛을 발하니 돌아가셨더라도 영광되리라.

「황커치앙을 애도함^{晚黃克强}」이라는 시에서는 이렇게 말하고 있다.

어부와 영사를 뒤이어 피 흘리며 여위도록
의로움은 오래도록 남으리니
눈물 가득한 술은 마를 줄 모르고
옛 친구 세상을 떠 나를 슬프게 하네.
그대와 함께 공화에 뜻을 두고
이름은 일세에 드날렸고
공적은 영원하니 중원은 쓸쓸히 이 사람을 애도하네.

민주혁명 선열들은 위한 이러한 노래에서 그는 '대혁명과 진정한 공화정치는 이루기 어려워라'라며 자신의 웅대한 뜻을 이루지 못하더라도 붉은 마음은 남아 오래도록 비추겠다는 강한 신념을 표현하고 있다. 이외에 중국혁명지사들에게 자신의 맘을 전하는 시에서 다음과 같이 노래하였다.

쑹 자오런에게
풍운이 밤의 장막 열고
설월이 낚시터 비치누나
한나라 국운 좋아지는 날

진나라 원수 못 갚은 때라
무성한 소나무 희소식 알리고
죽은 원숭이 슬픔 자아내네
용궁관을 아직 기억한다면
그대는 신선땅 대장부여라

친구 다이촨시엔에게

눈 내린 형운거리에 달빛이 비꼈는데
황포강반의 감도는 꿈은 몇날밤이런가
대지에 우뢰터져 만물을 소생시키는데
해지는 언덕의 흰까마귀는 원한 품었네
전세에 너를 낳은 신묘한 하늘은
현세의 외로운 나를 죽이지 않느뇨
굳은 악수를 나누어 감개가 무량한데
앞길에는 거세찬 물갈기가 밀려들리라

신규식이 중국혁명지사들과 교류하면서 문학적인 교류를 병행하고자 힘을 쏟았던 활동이 바로 남사에서의 문학활동이었다. '남사'는 청조 말기 민국 초기에 수성된 자본가계급 혁명문학단체로, '남쪽의 노래를 다뤄 옛 문화를 잊지 않는다'라는 의미가 담겨 있어 봉건적 청조에 반대하는 태도가 분명히 드러나 있다.

남사 시파는 시가를 민주주의 혁명을 선전하는 유력한 도구로 활용하였다. 이들은 구체시舊體詩의 형식에 새로운 혁명내용을 담아 표현했다. 남사 시인들은 자신의 시로 반청反靑혁명을 선도하고 청조의 민족박해와 전제통치를 강력하게 비판하며 역사의 진보에 일정한 역할을 담당했다. 이러한 성격의 남사에 신규식이 외국인의 신분으로 회원으로 가입하여 중국혁명동지들과 혁명문학활동에 뜻을 같이하려던 의도를 엿볼 수 있다. 문학으로 혁명사상을 고취시키고 청 왕조의 봉건적 지배체제와 민족적 압박에 대항한다는 것이었다.

여기에 발표했던 그의 한시 역시 격양되어 있고 기세가 드높아 혁명의지를 고취시켰다. 대부분은 중국의 민주혁명을 찬양하거나 중국 친구들과의 우의를 노래한 내용이며, 중국혁명에서 그들의 공헌을 노래하는가하면 반동세력에 대한 분노를 표출했다.

예컨대 '헛되이 남은 뜨거운 피 황천으로 가네'나 '국권 잃어버리고 애후의 수레는 달아나고' 등의 구절은 역사에서 교훈을 얻어 한국과 같은 망국의 전철을 되풀이 하지 말 것을 은근히 권고하고 있다. 그의 한시는 중국 위진 시대의 풍격을 연상시킨다.

그의 시는 대부분 우국과 우민을 소재로 하고 있으며, 주제는 불운한 민족의 운명에 대한 한탄, 순국선열들에 대한 흠모, 민족의 이상을 진흥시키고자 하는 뜻 등으로 압축할 수 있다. 그의 시는 동료들을 고무시켜 반제국주의와 반봉건주의 투쟁을 고취시켰다. 훗날 혁명의 발전과 함께 동인들이 북양군벌과 반동정치파로 분열되자 그는 결연히 조직을 탈퇴하였다.

이처럼 신규식의 시는 대부분 한국혁명의 바람에 대한 노래요, 희망가였다. 하지만 그는 언제나 자신의 현재를 돌아보면서 쉼 없이 스스로를 채찍질하는 자기성찰의 모습을 표현했으며, 고달픈 망국자적 삶을 가여히 여기는 시를 볼 때 지친 심신조차 쉴 수 없었던 독립운동가의 내면을 들여다 볼 수 있다.

신규식은 독립운동을 위해 고향을 등지고 이국땅으로 건너와 생일을 맞았을 때 자신의 지난 시간을 되돌아보며 지은 시들이 있다. 즉 1913년의 「생일유감」, 음력 정월보름(1914), 정사년(1917) 38세 생일 무렵에 지은 자수시, 그리고 마지막인 신유년 맹춘 13일(1921) 42세 생일을 즈음해서 지은 시 등이다. 중국 땅에서 보낸 그의 10여 년을 따라가 볼 수 있다.

1913년의 「생일유감」에서는 숙원하는 독립운동사업이 너무 더디게 진척되고 있음을 한탄하는 마음을 표현하고 있다. 한편 잊을 수 없는 부모의 은혜를 이야기 하며 잠시 가정을 잊고 일심으로 구국에 나설 것을 맹세하고 있다. 그는 다시 시간이 흘러 음력 정월보름(1914)의 시에서는 '저녁 자리에서 이런저런 생각이 밀려들었지만 풀길이 없어 다시 지난번처럼 내 맹세를 시로 엮어 동지 여러분에게 드린다'며 독립운동에 대한 열정과 한국의 젊은 지사들을 독려하고 독립운동 참여를 호소하며 자신의 소망과 목표 역시 더욱 강고히 하고 있다.

그리고 다시 3년이 지난 1917년의 자수시에서 그는 다시금 자신의 활동을 되돌아보고 있다. 물론 1915년 신한혁명당운동·대동보국단·박달학원 등의 독립운동에 헌신했지만 정작 본인은 미진한 자신을 채찍질하고 있음을 시는 말하고 있다.

서른 해 전에는 네 살나는 애어린 사내아이
세월이 살같이 흘러 장년이 되었구나
이마적은 지향도 공업도 이루지 못했거니
어이하여 세상일이 뜻대로 안되느냐
철천의 죄과를 털어버리려 마음먹었나니
백번 죽어도 보은할 마음 굳어만지네
분명 하늘이 나의 언동을 살피고 있으니
화복 앞에서 하찮은 사심은 없어야 하리

38세란 인생경력을 회고한 후 독립운동의 뜻을 이루지 못한 것을 개탄하는 마음을 풀어 놓고, 그날 생일 잔치에 참석한 사람들을 바라보면서 그들의 호탕한 기백에 감화되어 독립운동의 어려움을 잠시나마 잊을 수 있다는 내용을 함께 적어 두었다.

그리고 마지막은 '지난해 정월 13일 새벽 우연히 시 한수를 지었다 시경에 말하듯 마음속 뜻이 움직였기 때문이다. 어느 샌가 잠이 깨 어스름 새벽이 되었다'는 신유년 맹춘 13일(1921) 42세 생일을 즈음해서 지은 시다.

이 시에서 '환신백겁도번뇌環身百劫都煩惱 수명삼신상호지受命三神尙護持'라는 구절은 신규식과 대종교교주 나철의 인연을 의미한다. 삼신이란 대종교에서 받드는 환인·환웅·환검(단군)을 지칭한다. 앞 구절의 내용과 연관시켜 보면, 조국의 독립회복과 관련된 내용이 담겨 있음을 짐작케 한다.

그 외에 자기 자신의 가슴앓이를 시로 달래기도 하였다.

스스로 가엾게 여기다

흉금을 털어놓고 싶어도

세상이 어지러워 근심되네

자진해 나설 수 없는 몸이라

어이 숨은 재난 아니리오?

근심은 예서 생긴 것이어니

결단코 다른 뜻 아니어라

이것이 망국의 설움이냐?

내 홀로 구구히 슬퍼하네

신규식의 시는 형식상 5언 및 7언 절구, 율시가 대다수를 차지하며 고체시와 산문시도 있긴 하나 그리 많지 않다. 그의 시들은 서정-정론적 성격을 띠고 있으며 한시의 운율미를 살리면서도 자기 내면의 감정과 사상을 표현하는 것을 더 중요시하였다. 시의 풍격으로 보면 중국 위진 시대의 시와 비슷하며 활달한 필치와 비분강개한 정서, 호매롭고 자유분방한 성격이 그만의 시가 가진 독특한 성격이라고 평가받고 있다.

신규식의 역사읽기와 민족운동론

『한국혼』은 신규식이 1912년 동제사 창립 때 강연한 내용을 저술한 것으로, 국민들에게 민족주의와 앙갚음復仇의 대의를 밝히려는 목적에서 쓴 민족운동의 지침서이다. 이것은 신규식 스스로 피와 눈물로 엮었다 하여 일명 『통언痛言』이라고도 불렀다. 1914년 11월 18일 이충무공 순국일에 맞추어 완성되었으며, 그 후 한국인 동포 사이에서 널리 읽혀졌다. 1919년 3·1운동의 고양 속에서 드디어 1920년 10월, 상하이에서 신규식이 창간한 잡지 『진단』에 실리면서 비로소 세상에 빛을 보았다. 그의 민족독립에 대한 생각과 이상을 담은 통언은 사상의 폭넓음과 관찰의 예리함, 호방한 문체와 드높은 기세를 특징으로 한다. 특히 중국의 언어와 가득한 낱말들, 피눈물이 배어 있는 글자들은 가슴으로 파고들어 차마 책을 덮을 수 없게 만든다. 어떤 이는 『한국혼』이 중국 초나라 취위엔이 쓴 『이소離騷』 혹은 송나라 원티엔샹文天祥의 『정기가正氣歌』와 비견된다며 높이 평하고, 감동이 폐부를 찌르고 눈물이 흐른다고 감상을 전하였다.

그는 글 서두에서 격정에 찬 어조로 집필동기를 간략하게 설명하고 있다.

이제 내가 통언痛言을 쓰려고 하나 내 마음 속에는 한없는 고통이 담아져 있어, 어디서부터 말을 시작해야 할지 알 수가 없다. 나는 다만 내가 느끼고 생각하는 바에 따라 이를 쓰려고 하나, 또한 그것이 피인지 눈물인지 모르겠다.
가령 우리들의 마음이 아직 죽어버리지 않았다면, 비록 지도가 그 색깔을 달리하고 역사가 그 칭호를 바꾸어 우리 대한이 망하였다 하더라도 우리의 마음속에는 스스로 하나의 대한이 있는 것이니, 우리들의 마음은 곧 대한의 혼이다. 사람들의 마음이 죽지 않았다면, 혼은 아직 돌아올 날이 있을 것이다. 힘쓸지어다 우리 동포여! 다함께 대한의 혼을 보배로 여겨 소멸치 않도록 할 것이며, 먼저 각기 가지고 있는 마음을 구해 죽지 않도록 할 것이다.

신규식이 통언을 저술한 동기는 다름 아닌 나라를 회복하는 방안을 천명하려는 것이었다. 이를 위해 우선 망국의 원인을 진단하고 그 치료 방안을 구체적으로 제시하여 이 글을 읽는 자가 직접 느끼고 받은 고통을 영원히 각자의 마음속에 간직하여 망국의 치욕에서 벗어나도록 실천하게 함이었다.

아아! 우리나라가 망하게 된 것은 쌓이고 또 쌓인 원인은 법치가 문란하고, 기력이 쇠약하고, 지식이 깨우쳐지지 못하고, 남에게 아첨하며 게으르고, 자존심과 자비심 그리고 당파를 맺고 사욕을 채우는 것 등을 들 수가 있으니, 이러한 모든 요인들이 우리나라를 망하게 한 것이다. 그러나 생각건대 이러한 여러 가지의 원인을 초래한 것은 '상진천량喪盡天良'이다. 이렇게 '상진천량喪盡天良하여 마목불인지증麻木不仁之症', 이로써 잊어버리기를 잘하여 …… 종국에 나라는 망하게 마련인 것이다.

그는 가장 먼저 망국의 원인을 진단하여 '망국론'을 피력하였다. 그의 망국론은 '상진천량喪盡天良, 즉 타고난 착한 마음인 천량을 모두 잃어

버려 '마목불인지증木不仁之症'에서 비롯된 잊기 잘하는 병에 걸렸기 때문이라고 주장하였다. 그리고 망국을 초래한 잊기 잘하는 네 가지 병을 지적하였다. 신규식은 '첫째, 선조의 교화와 그 종법을 잊어버렸고, 둘째, 선민先民의 공렬功烈과 그 이기利器를 잊어버렸으며, 셋째, 국사를 잊었고, 넷째, 국치를 잊었으니'를 들며 이렇게 사람들이 잊어버리기를 잘하니 나라가 망하게 된 것이라고 논하였다. 그 구체적인 내용을 살피면 아래와 같다.

첫째, 선조의 교화敎化와 종법宗法이란 생민교화生民敎化의 시조인 단군의 가르침을 의미하는 것으로 우리 개국시조이며 주재자主宰者인 단군의 가르침을 잊지 말아야 하며, 5조목의 종법을 지켜 근본을 세워야 한다고 지적하였다. 이런 신념을 바탕으로 신규식은 망명 시절 매일 두 차례 단군 신상神像을 향해 향을 피워 배례하고 묵념으로써 조국광복을 염원했다.

이러한 단군숭배 사상은 그가 대종교에 입교한 후 누구보다 신실했던 신앙심에서 우러나온 것이었다. 실제로 신규식은 대종교를 한국의 국교, 곧 대한의 민족정신이 깃들인 종교라 인식하고 한국민족의 부흥이 대종교 발전에 있다고 확신하였다. 대종교는 조선 민족의 시조이며 국조라 전승하여 온 단군을 숭봉崇奉하며 이에 귀일함으로써 조선 민족정신의 순화통일醇化統一과 민족의식의 앙양을 도모함과 동시에 조선민족이 강화되어 독립국가로서의 존속을 목적으로 하고 있다.

사실 신규식은 대종교 신자로, 망명시절에 포교활동에도 적극적이었음은 앞서 본 바와 같다. 신규식은 대종교를 독립운동의 이념적 지주로 수용하여 이를 발전시킨 것이다. 그리하여 잊혀져가는 단군의 성스러운 전통을 계승하여 진정한 민족의식을 배양하고, 선조의 교화에 대한 긍지를 갖고 이를 신봉해야 한다고 논하였다.

둘째, 선민의 공렬과 이기를 잊었다는 실례로 우리 민족이 임진왜란으로 나라를 잃어버릴 위기의 순간에 중흥의 과업을 이룬 대한의 영웅이며 절세의 위인인 이순신을 잊었다는 것을 들고 있다. 이웃나라 중국이나 일본에서도 이순신을 높게 평가했는데, 유독 우리나라만 그를 질투하고 시기하여 중죄인으로 취급하였던 과거의 사실을 지적하며 통탄하였다. 그 외에 간신이 활개치고 열사가 명분 아래서 압살당한 무수한 사례를 열거하면서 조야朝野 모두 무수한 영웅과 인재를 좌절케 하였던 우리의 과거사가 망국을 초래한 원인 중 하나라고 통언했다.

또한 선민들이 발명해 낸 훌륭한 이기인 거북선이나, 비행차飛行車 등 편리한 기기와 무기류들이 '문'을 숭상하고 '무'를 경시하는 습속에 의해 좌절되었음을 밝혔다. 이어 삼국에서 고려, 조선 초에 이르기까지 이어져 온 상무정신이 쇠퇴하여 오히려 '문'을 높이고 '무'를 경시하고 국방을 소홀히 한 결과 입국立國의 정신을 상실하고 마침내 망국의 지경에 이른 것임을 지적하였다.

이 책에서 신규식이 열거한 '선민의 대부분이 이민족의 침략에 항거한 장군이나 의병'이었던 점, 이기라 지적한 것도 대체로 '무기류'인 점은 주목할 만하다. 신규식의 영웅적인 선민에 대한 가치평가는 위난에 처한 국가를 위한 공과 업적에 중점을 두었다. 그리하여 신규식은 선민의 구국적 투쟁과 순국을 높이 평가하여 조국광복이란 당면과제에 대처하는 방안으로 구체적이며 가능성 있는 영웅의 실상을 한국의 역사, 즉 대한의 혼에서 찾고자 한 것이니 이런 입장은 신채호·박은식의 영웅관과 일맥상통한다.

셋째, '국지정신國之靜神'인 '나라의 문헌'은 국사에서 찾을 수 있는데, 그 국사를 잊었다 함은 곧 나라의 정신을 잃은 것이라고 하였다. 그 결과, '슬프다! 우리나라는 지금부터 다시는 역사가 있을 수 없으며, 지금까지는 비록 있다고 하더라도 없는 것과 다름없는 것이다'라고 서술하고 있다. 국사를 잊게 된 원인은 5천 년 이래 당한 대외적인 침략에 있으며, 후세 역사가들이 외국에 아첨하고 국내의 사서를 무시한 존화사관尊華史觀 때문이었다고 파악하였다. 그리고 구학문·신학문을 하는 모두를 향하여 자국의 역사는 모르나 중국의 역사는 잘 알고, 서양의 문명은 말하면서 자국의 문명역사는 모르는 사대사상이라고 공격하였다. 그는 "소양(주자)에게 무릎 꿇고 감히 스스로 한 발자국도 움직이지 못하는 것은 겨우 남이 뱉은 찌꺼기의 침을 핥는 것이며, 온몸을 백조白潮(신문학의 유파)에 적시는 것은 그 껍데기를 입어보기 전에 먼저 나의 정신을 장사지내는 것이다"라며 무비판적인 신·구학문에 대한 맹종을 정신의 죽음이라고 비판하였다. 그러므로 사대사상과 존화사관에서 벗어나 신채호가 대동사大東史를 기초하고, 박은식이 광문회光文會를 창설하고, 나철이 대종교를 개창해 단군을 숭배하는 등 국사와 한국혼을 찾으려는 시도를 이어받아 국혼國魂이 흩어지지 않도록 할 것을 주장하였다.

신규식의 역사인식은 한국혼인 대한의 혼 사상에서 출발한다. 국혼에 대한 개념을 정의하기는 어렵지만, 추측컨대 단군에서 이어온 민족정신을 의미한다고 보인다. 그런데 이 대한의 혼은 국사에서 찾을 수 있으므로 국사를 한국혼의 표징으로 파악하고 있다.

그의 이러한 국사관은 지도상의 대한이란 칭호는 망하더라도 대한의 혼과 그 표징인 국사를 잊지 않으면 대한은 되살아날 수 있다고 강조한다. '국사를 잊은 것'이 망국의 한 원인이므로 국사를 되찾아 대한의 혼을 국민 개개인의 마음에 보존한다면 외형적인 대한도 복국시킬 수 있다고 주장하였다.

신규식은 일제에 대한 독립운동을 상대적인 의미에서 일제가 무력으로 빼앗을 수 있는 것과 빼앗을 수 없는 것으로 구분하면서, 후자인 대한의 혼을 기반으로 빼앗긴 지도상의 대한을 되찾아야 하는 것이 당면한 민족의 과제임을 통감하였다. 따라서 그의 국사관은 이러한 당대의 민족문제해결에 걸맞는 사상이었다.

넷째, 국치를 잊음이란 불구대천의 원수인 일본을 잊었다는 의미다. 먼저 삼국 이래 무수한 왜구의 침략과 지금에 이르러 주권을 빼앗긴 과정을 설명하면서 그들에게 받은 치욕을 열거하였다.

치욕을 알면 피로써 주검을 할 수 있고, 치욕을 씻으려면 피로써 씻어야 할 것이며 치욕을 잊은 자는 다만 피가 식었을 뿐 아니라 피가 없는 것이다. 치욕을 아는 자의 피를 알지 못하니 어지 치욕을 씻어 버릴 피가 있기를 바랄 수 있겠는가? 아아 동포들이여! 피가 있는 것인가 없는 것인가.

이렇게 일제에게 받은 치욕을 씻으려면 피로써 씻어야 한다고 주장하면서 죽음을 불사하는 무장투쟁론을 강조하였다. 그리하여 일제에 항거한 의사들의 투쟁과 1905년 이후 순국한 여러 선열과 의병의 항거를 열거하며 유혈 투쟁을 높이 기렸다. 특히 김옥균의 정치개혁을 기울어가는 국권회복을 위한 혁명으로 판단하고 그를 혁명의 선구자로 평가하고 있음은 특기할 만하다. 이러한 평가는 신규식 자신의 정치개혁에 대한 입장을 밝혀주는 것으로, 망명 이후 그가 중국 혁명운동에 적극 가담할 수 있는 사상적인 배경이 되었다고 추측되며 서구 시민혁명사상의 영향을 받아 이를 수용하고 있었다고 할 수 있다. 신규식은 망국의 원인을 제거하고 조국광복을 위해서는 선치해야하며, 선치하면 반드시 유혈해야 한다는 무장투쟁론을 독립운동의 방략으로 주장하였다.

마지막으로 당시의 국제정세를 언급하면서 그에 따른 구국책救國策을 제시하였다.

오늘의 세기는 국가주의와 민족주의가 서로 경쟁하는 철혈세계鐵血世界라 파악하고 서로의 경쟁과 세력다툼으로 대전국이 급박했음을 인지하고, 이런 세계조류에서는 극단의 사회주의나 이상주의가 아닌 현세주의적인 자세가 필요하다.

신규식은 이러한 정세 속에서 조국광복할 수 있는 가장 효과적인 이념은 국가민족주의라고 주장하였다. 그리고 앞서 본 망국의 원인을 깨달아 '건망을 회오悔悟하여 대한지혼大韓之魂을 보존하고 만인이 단결일기團結一氣해서 국가와 민족을 전제와 근본으로 하되, 대다수의 국가이익과 국민의 복을 도모하는 방향으로 진행하면 집합점인 국가민족주의를 이룰 수 있다'고 역설하였다. 그리고 국가민족주의를 통솔할 이념적 지도자로 역사속의 인물인 개국시조 단군을 주재主宰로 하고, 구국원훈의 이순신을 통제統制로 삼을 것을 제안하였다.

우리 개국시조 단군은 곧 우리들의 주재主宰인 것이다. 우리 구국원훈인 이순신은 곧 우리들의 통제統制인 것이다. …… 오직 우리 민족은 우리들의 조종을 잊지 말아야 할 것이다. 우리 시조에서 신으로 항림하시어 개국하신 달에 이충무공이 나라를 구하시다 순난하였고 우리 시조 어천의 달에 이충무공은 향탄하시었다. 우리들은 10월 3일로써 민족의 대기념절을 삼아야 할 것이다. …… 특히 우리 단군을 추앙하는 것은 생민교화의 비롯함이었기 때문이며 …… 이충무공을 받드는 것은 충효와 문무로 국궁진췌한 분이 4천 년 동안 오직 공 한 분뿐이었기 때문이다.

신규식은 국조인 단군과 함께 이순신 장군을 민족의 위기를 구한 영웅으로 존경하였다. 이러한 신념에 근거해 그는 이순신의 시 '바다에 맹서하니 어룡도 움직이고 산에 맹서하니 초목도 알도다誓海魚龍動, 盟山草木知'를 항상 읊으면서 독립운동의 좌우지명座右之銘으로 하였다고 한다. 당시 신규식 집에서 동거하고 있었던 이범석도 "그 어른의 방에는 크게 단군성조檀君聖祖의 초상화가 걸려 있고 그 맞은편에는 충무공의 초상화가 걸려 있었다"고 술회하고 있다. 그외에도 신규식은 "위층에 단군의 신상을 봉안하였고, 대청안에는 광개토왕비 비문족자와 충무공이 남긴 주련을 걸어놓았다楼上奉案檀祖神像, 堂中掛置広開土王碑字中軸, 及忠武公遺之対聯"는 기록도 있다. 이러한 사실에서 신규식이 한국 역사 전체를 아우르는 깊은 신앙심으로 승화된 종교적인 자세에 근거하여 독립운동에 헌신하고자 했던 면모를 엿볼 수 있다.

그리하여 개국시조와 충효와 문무를 갖춘 정신적 지도자 아래서 민족주의를 이상으로 조국광복에 뜻을 두고 실력을 배양하며, 신분·지위·교파·남녀노소·사상을 불문하고 동지가 되어 공복이 될만한 자를 선출하여 그에게 일임케 하되 모두 '법상法相'(법칙)하게 두도록 하자는 것이 그가 구상한 국가민족주의였다.

그가 주장하는 '국가민족주의'는 대개 국민주권론에 입각하여 개인의 사상이나 주장의 차이는 인정하지만 민족과 국가를 전제로 하는 합일점을 찾는다는 것, 선거에 의해 공복을 뽑는다는 것, 법치를 주장한 것 등에서 시민적 민족주의 국가를 구상했다고 볼 수 있다.

『한국혼』을 통해본 그의 민족주의 핵심은 민족과 '국가' 즉 민족국가이며, 이러한 면은 당시의 당면과제인 복국을 위한 독립운동을 전개해야 하는 상황과 유기적인 관련 속에서 탄생한 것이다. 조국광복을 위해서는 우선 잊혀져가는 대한의 정신이 담긴 국사를 재정립하고 재평가하여 이를 보존해야 하며, 그 속에 이어온 선조의 종법과 유혈 항쟁의 기백을 되살려 무력투쟁을 전개해야 하는 것이 그의 독립운동론의 핵심이다.

국혼적인 역사관과 민족주의에 기초한 신규식의 독립운동론을 가장 잘 대변하고 있는 것이 『진단』 창간사에서 '앞으로 우리가 해야 할 책임'

에 대해 설파한 글과, 「민족자결과 한국독립」이란 글이다. 그는 창간사에서 1910년대 다양한 민족운동 방법을 동원하여 실행하였으나 성공하지 못한 점을 반성하였다. 이때 제1차 세계대전 이후 정의·평화를 꿈꾸는 인도주의는 지고 공산주의·아시아주의 등 패권주의가 세계적 추세로 대두되는 1920년대에 직면해 새로운 독립운동의 방향을 모색하며 우리의 책임을 제시하고 있다.

신규식은 제1차 세계대전 이후의 국제정세가 우리가 바라던 정의·인도의 정신이 대세가 아니라 공산주의 및 노동자 중심의 사회, 아시아주의 등 패권주의가 기세등등한 정국으로 변화되고 있음을 간파하엿다. 그러면서 그는 이같은 패권주의는 세계적 추세로 보면 이미 열강이 자살의 길로 들어섰음을 의미하는 것이라고 질책하였다.

무력주의가 이미 타파되었으므로 세계 평화에 대한 소망은 동아시아의 영구적인 평화 유지로부터 시작되어야 할 것이며, 동아시아에 영구적인 평화를 존속시키기 위해서는 패권주의를 쓸어내는 일에서 시작되어야 하고, 패권주의를 청산하고자 한다면 반드시 우리 한국의 독립으로부터 시작해야할 것임을 강조하였다. 당시 이미 일본의 대륙침략 야욕을 간파하였던 것이다. 그리하여 '한국이 독립해 그들의 침략을 막아낸다면 비단 세계로 뻗치는 그들의 야심을 제어할 수 있을 뿐만 아니라 중국의 안전도 보장될 것이다. 유럽에서 벌어지고 있는 전쟁이 종식된 뒤 일본이 비록 전쟁으로 스스로 망할 수 있다는 교훈을 얻었다 하더라도 그들의 해군력은 여전히 확장되고 있으며, 시베리아에서의 병력 또한 여전히 증강되고 있다. 그들의 의도를 짐작해보건대 동아시아를 하나의 커다란 전쟁터로 만드는 데서 그치지는 않을 것이다'라고 진단하였다. 마치 1937년 이후 자행된 일본의 중국침략과 이어지는 동남아시아 침략전쟁의 악행을 예견한 듯한 탁월한 그의 혜안을 엿볼 수 있다. 이어지는 글에서 다음과 같이 독립선언의 의미와 그 실천을 위한 책임을 밝혔다.

1919년 3월에 독립을 선포하자 세계인들이 비로소 우리의 민족정신이 망하지 않았다는 인식을 갖게 되었다. 그러나 일본은 식민지 정책을 조금도 거두어들이지 않고 여전히 폭력적인 방법을 사용했다. (중략) 민족을 위해, 조국을 위해, 정의를 위해, 정당한 진리를 위해 싸웠다. 마지막 한 사람이 남더라도 살아서 항복하는 날은 없을 것이다. 이것이야말로 진정 우리 한국 독립혁명의 슬픈 역사이며 또 세계가 우리를 지목하는 이유이다. 향후 우리의 책임을 명시한다.

① 민족자결을 발휘한다.
② 독립과 평등을 주장한다.
③ 국제적인 우호관계를 형성해야 한다.
 (갑) 미국과 유럽 여러 나라에 우리나라의 독립 사실을 알린다.
 (을) 중국과 한국의 제휴를 주장한다.
④ 세계문화를 받아들인다. −세계의 새로운 사조인 문화를 수입해 문명을 촉진한다.
⑤ 광복의 실상을 알린다. − 일본의 잔학무도한 진상을 남김없이 폭로한다.

신규식은 앞서 언급한 책임을 다하면서 항구협력국과 세계평화와 인도주의를 위해서 싸울 것을 공언하였다. 또한 우리민족은 속임수와 폭력과 군사력에 대항해 진실과 인의와 피 뿌릴 각오로 우리의 요새인 산하와 우리의 무기인 초목으로 버틸 것임을 만천하에 밝혔다.

이제 신규식이 중요시하는 민족자결론이 한국독립에 어떻게 접목되었는지 「민족자결과 한국독립」을 통해 살펴보자. 신규식은 무엇보다도 우리가 세계적 추세에 발맞추어 국가의 운명을 결정한다면 가장 먼저 해야 할 일은 민족자결임을 강력히 주장하였다. 그런데 민족자결과 민족자주를 비교 설명하면서 민족자결의 진정한 의미를 파악하여 그 쟁취방법을 강구하고 있다.

(갑) 민족자주란 자기가 자기 운명을 지배하는 것이다. 민족자결이란 곧 자기가 자기의 운명을 해결하는 것이다. 전자는 이미 독립된 국가에 해당되는 것이고, 후자는 아직 독립하지 못한 나라에 해당되는 말이다.

(을) 세계대동은 개개인의 자치에서 시작되고 각 개인의 자치는 민족자치에서 시작된다. 그리고 민족자치는 민족자결에서 발원된다. 그러므로 세계대동을 바란다면 반드시 민족자결로부터 시작해야 한다.

(병) 민족자결에는 두 가지 요소가 필요하다. 하나는 무력간섭을 받지 않는 것이고 또 하나는 민족정신을 잃지 않는 것이다. 그러므로 이 두 가지 의미에 합치되는 것을 민족자결이라고 말한다. 이것과 배치되

지만 형식이 유사한 것을 노예자결이라고 한다.

그는 우리 한국인에게 민족자결은 우리들의 구명부라고 판단하였다. 그런데 이를 위해서는 민족정신을 완성하고 무력간섭으로부터 벗어나 한국이 독립하는 길 외에 다른 방도가 없음을 확신하였다.

우리의 독립요구는 한국민족만 아니라 아시아와 세계를 위해서 즉 노예자결을 타파하고 진정한 민족자결을 요구해 독립을 실행할 계획이라면 무력간섭을 몰아내야 하는데 그 구체적인 방법을 다음 8가지로 제시하고 있다.

① 인도주의를 창과 방패로 삼아 무력을 갖지 않는다.
② 뜨거운 피를 희생하여 거국적으로 싸운다.
③ 형식적 독립의 방법을 쓰지 않고 혼으로써 맞선다.
④ 결전에 임했을 때는 겁먹지 않고 강인하고 굳세게 싸운다.
⑤ 백절불굴의 자세를 갖는다.
⑥ 투쟁이 거듭될수록 더 분발하는 용맹한 마음을 갖는다.
⑦ 글을 이용한 선전으로 중외인사들이 독립의 필요성을 절감하도록 한다.
⑧ 우리 단독의 힘으로 복수해 세계의 모든 사람들에게 한국의 민족정기가 아직 죽지 않았음을 알린다.

이 글의 요지는 한국이 나아갈 길이 오직 독립이라는 것과 이를 위해서 민족자결 즉 진정한 민족자결을 절대절명의 기치로 가슴에 새겨야 한다는 점이다. 신규식은 이를 실천하기 위해 나라를 위한 희생, 정신적 독립추구, 강인한 투쟁, 중외인사에게 독립의 필요성을 선전, 민기民氣의 보존 등 투쟁방향을 제시하였다. 결국 국민들에게 '우리가 주체가 되는 민족자결'을 통해 독립을 쟁취하자는 뜻을 강조하면서 외국인사, 특히 중국 지도자들에게 한국독립의 당위성을 알리는 것이 바로 민족자결을 이루는 지름길이며 이것이 그가 주장하는 민족운동론의 요체다.

예관을 기억하며

신규식은 일생 동안 술·담배·도박·바둑 같은 세속적인 오락을 멀리하였으며 다만 산수와 시화詩畵를 즐겼을 뿐이었다. 조국을 떠나 남의 나라에 살면서 한 폭의 단군초상화와 한국지도는 항상 지니고 다니며 매일매일 기도하였다고 전한다. 신규식은 아침저녁으로 반드시 한국지도를 보고 온 정신을 기울여 이를 주시하고 묵묵히 사색하였는데 그 모습이 마치 3천만 한국 국민이 지금 일제에게 받고 있을 상처를 어루만지는 듯하였고, 조국광복 후에 건설할 새로운 모습의 국가를 생각하는 듯이 보였다. 그리고 아무리 바빠도 매일 새벽과 밤이면 우리나라 개국의 성조인 단군의 신상神像을 향해 향을 피우고 두 차례 절하고 나서 묵념하며 하루 빨리 혁명을 완수해 조국을 되찾고 노예상태하의 동포를 구할 것을 기원하였다고 한다. 그의 단군숭배는 대종교에 입교한 이래 다져진 '한국민족부흥=대종교 발전'이란 확신에 근거한 것으로, 독립운동을 위한 일종의 자기암시적인 종교적 차원의 수단으로 볼 수 있다.

 이러한 소망과 믿음으로 상하이에서 대종교포교에 주력하였고, 매주 교우들과 더불어 예배를 올렸다. 매년 3월 15일 어천절, 10월 3일 개천절, 8월 29일 국치기념일에는 상하이의 모든 교포를 모아 성대한 기념식을 거행하여 국치의 오욕을 되씹으면서 독립운동을 향한 모든 이의 의지를 더욱 강력하게 다지려 한 것이다.

 신규식은 청년들에 대한 사랑과 보호가 남달랐다. 이러한 애정은 혁명운동은 청년이 아니고서는 불가능하며, 국가 부흥도 청년만이 할 수 있다는 인식에서 비롯된 것이었다. 열정과 충절을 가슴에 담은 청년들을 구국교육으로 무장시켜 장차 국가와 민족을 위한 인재로 양성하여 민족의 광명이 될 밑거름을 만들고자 굳게 다짐하였음은 두말할 필요가 없다. 그리하여 '선생은 청년이 찾아오면 식사와 숙소를 마련하여 주었고 청년이 학교에 입학하면 학비를 마련해 주었으며, 청년이 유학가면 여권의 입국수속을 돌보아 주었으며, 심지어 그들의 학비를 납입하고 책을 사고 그밖의 모든 수속절차를 마치는 것을 보고난 후에야 비로소 안심하였다'고 전기에는 전한다. 또한 청년들이 곤란에 부딪쳐 좌절하거나 실망하였을 때는 그들에게 힘이 되어 주었던 것이다. 이러한 청년에 대한 지극정성의 보살핌이 구체화되어 나타난 것이 박달학원의 설립이었다.

 후일 신규식의 사위가 된 민필호(이명 민석린)는 형을 따라 중국 상하이로 망명하여 형 민제호의 소개로 신규식과 인연을 맺게 되었다. 그는 신규식의 주선으로 동제사에 입사한 후 박달학원에서 기초교육을 받았다고 한다. 아버지 민필호에게 들은 신규식에 관한 일들을 큰아들은 다음과 같은 사실을 전하였다. "중국으로 망명 온 청년들은 예관(신규식) 선생이 조직한 동제사에 입사하고 또 박달학원에 다닌 다음 대부분 예관의 소개와 추천·도움으로 중국의 대학이나 군관학교 또는 유럽이나 미국으로 유학을 갔습니다. 그런데 아버님(민필호)은 남양공학南洋公學을 다니고 전신학교에 입학하였고 졸업 후에 전신국의 공무원이 되셨는데 그곳에 가게된 것 역시 신규식 선생의 지시에 따랐던 선택이었습니다. 즉 남양공학은 영어를 중시하는 학교였으므로 추천하였고, 독립운동을 하기 위해서는 경제적인 생활을 해결해야 하며 그러기 위해서는 기술을 익혀야 한다고 강조하신 바를 따라 중국의 교통부 산하의 전신학교에 지원하셨습니다. 신규식 선생의 바람대로 아버님은 졸업 후 취업은 물론 후일 일본문서의 암호해독에도 큰 공을 세울 수 있게 되셨다고 합니다." 그리고 "아버님(민필호)은 중국공무원이 되셨지만 우리 임시정부의 연락이나 나중에 일본과 싸우는 장개석 정부의 군사위원회 시종실에서 일본 전문암호를 해독해 큰 기여를 하시게 된 것으로 보아 외조부님(신규식)이 어떤 뜻을 갖고 전신학교에 입학시킨 것인지 짐작됩니다"란 말을 덧붙였다.

 신규식의 청년에 대한 사랑은 국경을 초월하였으므로 한국청년은 물론 중국의 열혈청년들도 그를 추종하고 숭배하는 이가 적지 않았다고 한다. 그중 다이차오첸戴朝臣이란 난징의 중국청년은 신규식에게 감화받아 그를 친아버지처럼 받들었으며, 일인들에게 신규식이 체포당할 위기에 놓이자 용감하게 몸을 던져 일인들의 독수毒手를 막아주기까지 하였다.

　신규식의 부인 조정완 여사는 남편에 대해서 "독립운동하는 사람 가운데 제일 훌륭한 분"이시라며, "항상 당신의 몸을 흩트리지 않았고 절약이 몸에 배서 검소하셨으며 처음 찾아오는 청년에게 숙소를 마련해 주시거나 원로들에게 도움을 주셨다"고 칭찬하였다. 또한 여사는 "당신이 사시던 집은 조그마한 2층집인데(어양리漁陽里 소재) 위층에 기거하시고 아래층은 그분들 차지였다"고 후손들에게 전해주었다. 또한 여사는 상하이에 온 후 10년 만에 해후한 남편이 자기에게 "우리는 부부의 연보다는 동지로 생각하고 살자고요. 나는 이미 나라를 위해 목숨을 바치기로 결심한 사람이라고요"라고 한 말을 기억하고 있다. 즉 사사로운 삶은 버리고 다만 광복만이 그의 관심이요 삶의 목표였음을 보여주는 대목이 아닐 수 없다.

　한편 사위이자 독립운동의 동지로 비서의 임무를 담당했던 민필호는 자식들에게 그분에 대한 기억을 이렇게 전하고 있다.

　신규식이 고향에 두고 온 딸을 생각하여 민필호를 불러서 말하길, "내가 중국으로 망명올 때 고향에 일곱 살 난 딸이 하나 있었는데 지금 10년이 되었으니 열일곱 살 되었을 것이다. 어떻게 성장했는지는 모르지만 자네를 사위로 삼고 싶다"고 하셨다. 그때 민필호는 그의 말이니 좋다 싫다 소리를 못하고 수긍하였다. 당시 그는 속으로 "이분의 따님이라면 혹시 언청이거나 다리가 어쩐다 하더라도 부인으로 삼아야겠다"고 마음을 정하였다고 한다. 그만큼 민필호는 신규식을 숭배하고 존경하고 믿었다는 의미가 아니겠는가. 그 후 1920년 신규식의 부인은 딸을

데리고 상하이로 들어와 드디어 두 사람이 결혼하게 되었는데 당사자들이 서로를 보고 마음에 들어 했다고 한다.

신규식의 삶과 독립운동을 마무리하며

신규식의 삶은 인간사랑, 민족사랑으로 가득 찬 가장 인간적인 민족지도자의 모습을 대표한다. 그는 시에 자신의 마음과 생각과 바람을 담아 세상과 소통할 수 있었던 풍류를 알고 인생을 노래하던 시인으로서의 재능을 소유한 인사였다. 하지만 민족과 국가의 존립조차 위태로운 한말, 식민지시대를 살아야 하는 지식인의 한 사람으로 자신에게 주어진 민족문제 해결이란 역할에 충실해야 한다는 시대인식을 실제 삶으로 구현해 냈던 믿음직한 선현 중 하나가 되었다. 자신이 그렇게 '잊지말아야 한다'고 강변했던 민족역사 속의 선현들처럼 닮아 민족자결, 민족독립을 위해 아낌없이 자신의 생을 바쳤다. 우리의 구명부는 오직 '민족자결'이라는 한가지 소망을 가슴에 새기며 결코 앞에 나서지 않고 통합의 울타리가 되어 묵묵히 자신의 역할을 감내해 낸 그런 민족운동가였다. 그의 뒤를 이은 우리가 결코 소홀히 여겨서는 안되는, 반드시 기억하고 기려야 하는 일제시대 민족운동가 중 한사람이다.

그의 생애는 1901년부터 교육과 학회활동을 통해 국권회복운동에 투신한 이래 1922년 9월, 무정부상태에 빠진 대한민국 임시정부의 혼란을 비통해 하면서 순국할 때까지 20년 동안 오로지 국권회복과 조국광복을 위한 투쟁의 일생이었다.

시대를 앞서가는 민족지도자는 무엇보다도 국가와 민족의 장래나 국제정세에 대한 올바른 인식을 가지고 있어야 하고 또한 일개 국가적인 관점을 넘어서 세계평화, 인류평화와 공존에 최선을 다해야 한다. 이를 위해서 시대를 읽는 혜안과 국제 협력에 대한 탁견이 반드시 필요하다.

그런데 신규식은 이런 지도자의 자질을 갖추고 있었다. 그는 한국독립운동 지도자들이 주목하지 않은 상해로 망명해 불모지인 그곳에 독립운동기지를 구축하는 역사를 이루어낸 것이다. 예컨대 그는 중국 혁명운동의 성패가 한국의 독립과 밀접한 관계가 있다고 판단한 탁견을 가지고 있었다. 동시에 그는 국제정세에 대한 정확한 분석으로 한국독립운동에 대한 국제적인 지원이 필수적이며 이를 위하여 상해가 적절한 곳이라는 견해를 가지고 있었다.

신규식은 1910년 상하이에 망명해 중국혁명가들과의 교류를 통해 한·중 우호협력의 기초를 튼튼하게 다졌다. 그 기반위에 동제사·신한혁명당 등 독립운동단체를 차례로 조직하였고 대동단결의 선언도 주도하였던 것이다. 또한 박달학원을 설립하고 청년들의 미주유학 등을 주선하여 독립운동의 역군양성에도 힘을 기울였다. 이렇게 그가 상하이 독립운동기지를 만든 다음에는 독립운동가들이 상해로 모여 1919년 마침내 이곳에서 대한민국임시정부를 수립하게 되었던 것이다. 상하이를 동북지방이나 연해주와 마찬가지로 한국독립운동의 성지로 만드는데 결정적인 역할을 한 이가 바로 신규식이었다.

더구나 그가 교류한 이들은 중국혁명운동의 중심인물이며 뒤에 쑨원이 수립한 광동정부와 국민당정부의 지도적 인물로서 한국의 독립운동을 적극적인 지원을 아끼지 않았다. 이렇게 신규식이 구축한 한·중 우호협력은 이후 1945년 해방될 때까지 장개석의 국민당정부와 모택동의 중국공산당과 지속적인 협력체제로 확대될 수 있었다는데 또 다른 의의가 있다

신규식은 국제정세에 밝고 국제적인 협력의 중요성을 인식하고 독립운동의 방략에 이를 적극 활용한 인물이었다. 1915년 조직한 신한혁명당의 활동상 중에서 그가 한국독립을 위해 중국은 물론 독일과 군사동맹을 맺으려 시도한 계획 역시 그런 민족운동론에 기초한 것임을 알 수 있다. 또한 1917년 조선사회당의 이름으로 스웨덴의 스톡홀름에서 개최된 '만국사회당대회'에 한국의 독립지원을 호소하는 전문을 발송한 활동과 1918년 제1차 세계대전 종결 후의 '파리강화회의'에도 독립지원을 호소하는 전문을 보냈던 활동은 같은 맥락으로 파악할 수 있다.

또한 신규식의 뛰어난 지도자의 면모는 독립운동단체의 조직활동에서도 잘 드러난다. 그는 누구보다도 독립운동을 위한 실행기관과 민족운동역군을 위한 민족교육기관 설립에 많은 업적을 남겼다고 평가된다. 우선 국내에서 덕남사숙, 문동학교를 비롯한 여러 학교와 상하이의 박달학원이 있으며, 상하이의 동제사 신아동제사·대동보국단·신한혁명당, 진단 잡지사 등을 각각 설립하여 민족운동을 전개하였다.

신규식은 민족해방과 민족자결을 위해 일생을 바친 탓에 자신의 가족을 돌볼 겨를이 없었다. 즉 공인으로서의 역할만을 고집하다 보니 그의 가족들이 겪는 고초는 이루 형용할 수가 없었지만 가족들도 이에 기꺼이 동참하며 이런 고생을 이겨냈다. 예컨대 신규식 부인 조정완은 그

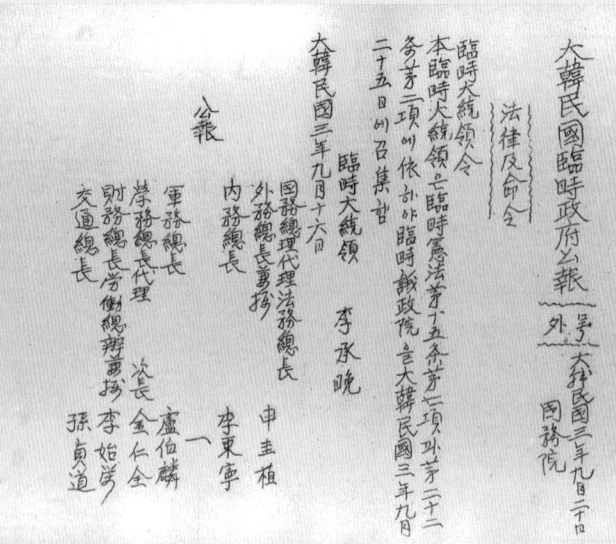

| 임시정부 국무원 회의소집 임정공보 호외

| 신규식 묘(국립현충원)

가 서거한 후 귀국하여 일제의 강압과 생활고로 비참한 생애를 마쳤던 것이다.

신규식은 세상을 떠났지만 그의 후손들 역시 유지를 받들어 한국독립운동 전선에서 분투하였다. 그의 사위 민필호는 중국에서 대한민국임시정부의 의정원 의원 및 주중국대표 부단장, 단장 등 주요직과 한국독립당의 일원으로 활동하였으며 중국 군사위원회 기술연구실 소장으로 항일투쟁에 헌신하였다. 1963년 대한민국 건국훈장을 받았다.

그리고 민필호의 사위 김준엽도 역시 1944년 광복군의 일원이 되어 광복군 제2지대의 사령관부관 및 광복군총사령관 부관직을 지낸 독립운동가로, 대를 이어 조국과 민족을 위해 활동하였다. 1990년 건국훈장을 받았다.

신규식은 독립운동가로서는 선구적으로 상하이에 망명하여 자신이 가진 모든 역량을 동원하여 한중협력관계를 만들고 독립운동가들과 애국청년들을 불러 모아 그 곳에 한국독립운동기지를 구축함으로써 대한민국임시정부의 수립과 그 활동 터전을 마련하였다. 또한 그가 추진한 신한혁명당과 대동단결선언의 망명정부계획은 훗날 임시정부 수립의 이론적 틀을 제공했다는데 그 역사적 의의가 크다. 이같은 활동은 그를 대한민국임시정부의 초석을 쌓은 독립운동가의 한사람이며 시대를 앞서간 선각자요, 더 나아가 임시정부의 법통을 이은 대한민국의 기초를 닦은 사람 중 하나라고 평가해도 지나침이 없다고 할 수 있다.

노자 도덕경에 "상선약수上善若水"란 구절이 있다. 즉 좋은 것은 물과 같아 만물을 이롭게 하면서도 다투지 않으며 사람들이 싫어하는 낮은

곳에 처하기를 좋아하므로, 물은 도에 가깝다고 설한다. 자기를 낮추고 모든 것을 품는 물처럼 신규식은 민족을 위해 일생을 바쳤다. 민족독립이란 대의를 위해 온 정열을 쏟았지만, 민족과 국가를 넘어서 모든 민족의 자결과 세계평화를 꿈꾼 지도자였다. 신규식의 선구적인 삶의 자취에서 우리는 정의와 인류애를 추구하며 사람답게 사는 스승의 모습을, 그리고 민족이나 국가를 이끌어가는 진정한 지도자상을 만날 수 있다.

신규식의 삶과 자취

1880년	1월 13일(음) 충북 청원군 가덕면 인차리(문의군 동면 계산리의 행정구역 변경)에서 신용우申龍雨의 둘째 아들로 태어남
	본관은 고령高靈, 시조 신성용申成用의 25대손, 신숙주申叔舟의 17대손임
1883년	가숙에서 글공부시작
1895년	동년군同年軍(소년대) 조직 일제에 항거해 의병지원
1896년	조정완趙貞婉 여사와 결혼, 3개월 후 상경
1898년	관립한어학교 입학, 독립협회에서 활동(재무부과장)
1900년	9월 육군무관학교 입학
1901년	향리의 문동학원 설립에 참여
1902년	7월 6일 육군보병 참위(9품)에 임관(공업전습소 설립)
1903년	3월 22일 진위대 제4연대 제2대대 견습
	7월 육군무관학교 졸업증서 받음
	덕남사숙 설립
1904년	4월 4일 진위대 4연대 1대대 견습
	10월 육군무관학교 견습
	5월 3일 6품으로 승급
1905년	4월 시위대 3대대에서 승급
	연말 의병거사의 실패로 자살을 기도하였다가 생명은 건졌으

	나 오른쪽 눈의 시신경 마비
1906년	1월 정3품으로 오름
	4월 시위 제1연대 제3대대에 배속, 부위로 진급, 문동학교 설립, 한어(중동)야학교 설립됨
1907년	8월 육군유년학교 학도대 시위보병 제2대대부관, 군대해산식 이후 대한문까지 진출
	9월 3일 해관부위직解官副尉職, 황성광업주식회사 설립
1908년	5월 영천학계 조직
	7월 대한협회 가입, 기호흥학회
	9월 대한협회 평의원으로 피선되어 활동, 실업부 부원으로 임명됨
1909년	1월 『공업계』 잡지 창간
	3월 중동야학교 제3대 교장 취임
	7월 대종교 입교
1911년	초봄 상하이로 망명
	3~4월 민립보기자 서천복과 만남, 중국동맹회에 가입
	10월 신해혁명武昌革命에 천치메이陳其美를 따라 참가
	11월 천치메이의 상하이혁명 참가
1912년	3월 『민권보』에 거액 자금지원
	5월 20일(음) 동제사同濟社 결성
	『한국혼』 집필 시작
	1912 말~1913 초 신아동제사 조직
1913년	7월 천치메이와 함께 도원倒袁운동인 2차혁명에 참가
	12월 17일(음) 상하이 명덕리明德里에 박달학원 설립

1914년	남사南社, 환구중국학생회寰球中國學生會에 가입
	7월 2일(음) 박달학원 내 구락부 조직, 규칙제정
	『한국혼』 탈고
1915년	3월 신한혁명당 조직
	대동보국단 조직
	항저우 츠산赤山 부근 고려사高麗寺 복원
1916년	조성환, 박은식과 체화동락회棣華同樂會 조직
1917년	7월 『대동단결의 선언』 발표
	8월 '조선사회당朝鮮社會黨'의 명칭으로 스웨덴 스톡홀름 만국사회당대회에 조선의 독립지원을 요청하는 전문을 보냄
	9월 배일排日잡지 반월간 『진단震壇』 발행
1918년	11월 파리강화회의에 한국독립원조를 요청하는 전보 발송
1919년	연초 대한독립선언에 참여
	3월 하순 여운형·선우혁 등과 상하이에 독립임시사무소 설치
	4월 한성정부 각료명단에 법무총장으로 선임
	4월 30일 제4회 임시의정원회의에서 부의장으로 선출됨
	5월 6일 제4회 임시의정원회의에서 충청도 구급의연금 모집위원으로 선출됨
	7월 14일 제5회 임시의정원회의에서 부의장직 사임
	11월 3일 대한민국 임시정부 법무총장에 취임
1920년	7월 딸 명호明浩 결혼
	10월 10일 『진단震壇』 주간창간
1921년	4월 협성회協成會 조직 선언서 발표

	5월 16일 국무총리대리에 취임
	5월 26일 외무총장 겸임
	8월 광둥정부 특사에 임명
	11월 3일 광둥특사廣東特使로 쑨원孫文 접견, 외교문서 증정
	11월 18일 광둥정부廣東政府 북벌서사北伐誓師 전례식 참가 임시정부 대표로 공식접견, 공식적 외교성립
	12월 22일 광둥의 신신新新호텔에서 각국 영사 초대연회를 마련하여 독립운동 선전
1922년	3월 20일 시정방침 발표, 내각 사직서 제출
1922년	5월 심장병과 신경 쇠약으로 병석에 누움
	9월 25일 순국. 유해는 상하이 홍치아오만국공묘虹橋萬國公墓에 안치
	비문은 조완구趙琬九가 씀
1962년	건국훈장 대통령장에 추서
1993년	중국 상하이로부터 유해봉환
	국립현충원 대한민국임시정부 요인 묘역에 안장

참고문헌

- 李重煥, 『擇里志』.
- 『독립신문』, 『황성신문』, 『대한매일신보』, 『동아일보』, 『조선일보』, 『독립신문(상하이판)』, 『신한민보』, 『자유신문』.
- 『공업계』, 『대한협회회보』, 『기호흥학회월보』, 『개벽』, 『동광』, 『삼천리』, 『震檀』.
- 『관보』, 『고종실록』.
- 『高麗申氏世譜』.
- 국사편찬위원회, 『대한제국관헌이력서』, 1972.
- 송상도, 『기려수필』, 국사편찬위원회, 1955.
- 정교, 『대한계년사』, 국사편찬위원회, 1955.
- 정원택(홍순옥 편), 『지산외유일지』, 탐구당, 1983.
- 독립운동사편찬위원회, 「조선민족운동연감」, 『독립운동사자료집』 7, 1973.
- 독립운동사편찬위원회, 『독립운동사자료집』 8, 1974.
- 대종교총본사, 『대종교중광육십년사』, 1971.
- 단국대학교 동양학연구소, 『박은식전서』 하, 1975.
- 국회도서관, 『한국독립운동사자료(중국편)』, 1975.
- 추헌수, 『한국독립운동사(자료)』 II, 연세대출판부, 1973.
- 경부신백우선생기념사업회, 『경부신백우』, 1973.
- 柳亞子, 「南社紀略」, 『近代中國史料叢刊續集』 26, 台北.
- 鄭逸梅編, 『南社叢談』, 上海人民出版社, 1981.
- 金正明, 『朝鮮獨立運動』 I・III, 原書房, 1967.
- 閔石隣 편, 『睨觀・申圭植先生傳記』・『韓國魂』, 三省印刷廠(台灣), 1955.

- 高岩, 「韓國革命吉士 申圭植」, 『中央日報』民國 44년 4월 25일.
- 일파, 「신규식선생의 부음을 듣고」, 『동명』 6, 1922.
- 윤치영, 「남기고 싶은 이야기들」, 『중앙일보』 1972년 8월 1일.
- 蕭錚, 「蔣介石, 김구 그리고 나」, 『월간조선』 1월호, 1985.
- 강영심, 『신규식의 생애와 독립운동』, 한국독립운동사연구소, 1990.
- 김영범, 『한국근대민족운동과 의열단』, 창작과비평사, 1997.
- 김준엽, 『나와 중국』, 나남, 2008.
- 김준엽 편, 『석린민필호선생약전』, 나남출판, 1995.
- 서인한, 『대한제국의 군사제도』, 혜안, 2000.
- 석원화·김준엽 편, 『신규식 민필호와 한중관계』, 나남, 2003.
- 손인수, 『한국근대교육사』, 연세대출판부, 1984.
- 신용하, 『독립협회연구』, 일조각, 1976.
- 이범석, 『우등불』, 사상사, 1971.
- 중동중고등학교, 『중동80년사』.
- 현규환, 『한국유이민사』, 삼화인쇄주식회사, 1976.
- 윤병석, 「대한광복군정부의 건립」, 『이상설전』, 일조각, 1984.
- 강영심, 「1910년대 중국관내의 항일운동」, 『1910년대 중국·미주·일본지역의 항일운동 - 한국독립운동의 역사 17』, 한국독립운동사편찬위원회, 2008.
- 강영심, 「신한혁명당의 결성과 활동」, 『한국독립운동사연구』 2, 한국독립운동사연구소, 1988.
- 강영심, 「신규식의 생애와 독립운동」, 『한국독립운동사연구』 1, 1987.
- 김희곤, 「동제사의 결성과 활동」, 『한국사연구』 48, 1985.
- 김희곤, 「대한민국임시정부와 신규식」, 『신규식 민필호와 한중관계』, 나남, 2003.
- 박영석, 「대종교」, 『한민족독립운동사』 2, 국사편찬위원회, 1997.
- 배경한, 「쑨원과 상하이한국임시정부」, 『동양사학연구』 56, 동양사학회, 1996.

- 삿사 미츠아키, 「예관 신규식의 종교사상과 민족독립운동 – 디아스포라 공간에서 종교성의 표출」, 『국학연구』 10, 국학연구소, 2005.
- 신승하, 「예관 신규식과 중국혁명당인과의 관련」, 『김준엽교수화갑기념 중국학논총』, 1983.
- 신승하, 「중국 망명 이전 예관 신규식의 국내활동」, 『신규식 민필호와 한중관계』, 나남, 2003.
- 신승하, 「청말 민초 남사南社의 창립과 활동」, 『신규식 민필호와 한중 관계』, 나남, 2003.
- 이이화, 「신규식 – 임시정부의 주춧돌」, 『한국근대인물의 해명』, 학민글밭, 1985.
- 이이화, 「신규식평전」, 『신동아』 10월호, 1972.
- 임재찬, 「구한말 육군무관학교에 대하여」, 『경북사학』 14, 1982.
- 임춘수, 「산동신씨문중 개화 사례연구」, 국민대석사학위논문, 1989.
- 조동걸, 「1917년의 '대동단결선언'」, 『한국학논총』, 국민대, 1987.
- 차문섭, 「구한말육군무관학교연구」, 『아세아연구』 16 - 2, 1973.

찾아보기

ㄱ

간민회 89~91, 93
갑신정변 24
갑오개혁 23, 49
강세희 52, 53
개천절 88, 120, 167, 178
공업계 43, 188, 191
공업연구회 42, 43
공월보 43
공화주의 61, 99, 100
곽경 113
관립공업전습소 42
관립외국어학교 23, 25, 60
관립한어학교 22, 24~27
광둥군보 137
광문회 168
광산채굴권 21
광업회사 41, 43, 59
구국일보 123
구미위원부 137
구미위원회 24
국가민족주의 171, 172
국경진공계획 95
국권회복운동 10, 35, 45, 55, 56, 93
국민대표회 125, 126, 140
국민보 80

국민외교론 103
국민주권론 102, 103, 172
국치기념일 88, 178
군대해산 188
군사통일주비회 124
군사통일촉성회 124
군자금 90, 93
권업회 89~91, 93
기호흥학회 44, 45
길선주 113
김규식 79, 80, 83, 108, 113, 126
김덕진 117, 118
김동상 126
김문삼 110, 112
김백연 88
김선교 66
김옥균 170
김용준 80, 83
김위원 92, 98
김윤식 46
김자순 92
김좌진 110~112
김충일 143
김홍집 21

ⓝ

나철 27, 56, 57, 86, 87, 147, 162, 168
난징해군학교 86
남궁억 43
남사 46, 48, 50, 54, 75~77, 154, 159, 160, 187, 189
남양공학 179
내각책임제 124
노백린 48, 148

ⓓ

다이지타오 82, 83
단군교 56
단군한배검 57
단발령 18, 21
단성사 42
대동단결선언 99, 100, 101, 103, 105, 106, 115
대동보국단 100, 101, 161
대통령중심제 124
대한광복군 89, 94
대한광복군정부 89
대한국민의회 118
대한독립선언서 111
대한독립의군부 111
대한민국임시정부 75, 83, 108, 115, 119, 129, 134, 137, 139, 145
대한민국임시헌장 115
대한자강회 44
대한협회 44, 45
대한협회회보 44

덕남사숙 46, 48, 50, 54, 187
덕어학교 23
독립군 16, 85, 89, 94, 95
독립문 28
독립선언서 111, 113
독립신문 21, 118, 120, 122, 191
독립운동기지 60, 77, 78, 89, 109
독립운동자금 117, 142
독립전쟁론 89, 91
독립협회 21, 26~28, 31, 46, 48
동국역대사략 25
동도서기론 51
동맹휴학 26, 34
동제사 78~82, 93, 109, 123, 149, 163, 179, 188, 192
동학농민전쟁 17

ⓡ

랴오중카이 82, 83, 132
러일전쟁 35, 89, 90
뤼티엔민 82
류야쯔 154

ⓜ

만국사회당대회 104
만국평화회의 38
만민공동회 26, 27, 48
망명자금 59
매천야록 30
무관학교관제 28
무장투쟁론 170

문동학교 51, 52
문동학원 34, 48, 50, 54, 187
문일평 79, 80, 85
민대식 32, 41
민립보 68, 76
민영익 23
민영환 36
민영휘 41
민제호 179
민족자결론 175
민족종교운동 56
민필호 16, 80, 115, 130, 142, 143, 179, 180, 181, 192

ⓑ
바오정군관학교 86
바이원웨이 82
박관해 110
박광 81
박달학원 77, 78, 84~86, 161, 178, 179, 188, 189
박승환 31, 40, 41
박영효 46
박용만 126
박은식 27, 62, 79~81, 85, 91, 92, 100, 101, 119, 123, 125, 126, 147, 168, 191
박찬익 42, 43, 59, 80, 81, 88, 110, 111
방효상 113
배재학당 19, 20, 24
백세빈 81
백순 88
법어학교 23

베이징병란 71
변석붕 98
부민단 89
분원자기 42
비밀결사 78, 79, 81, 91

ⓢ
산동삼재 15
산동학당 48, 50
삼림벌채권 21
3·1운동 111~115, 119, 139, 164
상업계 43
상진천량 59
상해임시정부 24, 117
서광범 18
서북천로 92
서재필 21, 46
선우혁 113, 114, 189
성낙신 110, 112
성낙형 91, 92, 98, 99
세계개조론 109
세도정치 47
손병희 113
손일민 110
손정도 117
송재일 110
쉬쉬에얼 154
쉬지엔 82
시일야방성대곡 35, 36
신건식 50, 79, 80, 83
신덕가 120
신면휴 49, 50

신백우 14, 15, 50, 60, 147, 191
신보 145, 191
신석우 50, 63, 80
신성 10, 49, 68, 102
신승구 51
신아동제사 81, 82, 123, 188
신용우 10, 13, 49, 50
신정식 13~15, 50
신창휴 32, 41
신채호 14, 15, 24, 27, 43, 47, 49, 50, 63, 79~81, 83, 85, 126, 147, 168
신태휴 50
신한민보 80
신한청년당 108
신한혁명당 89, 92, 93, 95, 97~101, 103, 115, 161, 189, 192
신해혁명 68, 69, 78, 82, 101, 135, 152, 153, 156, 188
신형우 51
신형호 14, 24, 60
신홍식 50
신흥우 19, 20, 24, 27, 47, 49, 50
신흥학교 89
쑨원 69~71, 82, 123, 126, 129, 131~134, 137, 138, 140~142, 148, 153, 154, 156, 157, 190, 192
쑹 자오런 68, 71, 72, 75, 76, 82, 148, 154
씨에츠 132

아관파천 21, 28
아목누 15, 61, 76, 147
아어학교 23
아집 76
아편전쟁 67
안중근 150
안창호 27, 118, 119, 126, 127, 139, 147
양기탁 43
양쑤칸 123
양전백 27, 113, 114
양춘스 82
어천절 88, 119, 120, 167, 178
여운형 108, 189
여준 110, 111, 126, 153
영어학교 23
영은문 28
영천학계 48~51
예관시집 147
오규신 24
오세창 43
오하이오대학 24
요용금 31
우딩창 123
우루쩐 154
우상중학 83
우송노광학교 83
우우임 123
우정국 24
우차오치 132
우티에청 70, 82, 83
우팅팡 132
우한혁명 68, 69
원수부 33, 82
위안스카이 71, 72, 132, 154~157

윈난군수학교 86
유광열 24
유길준 18, 46
유동열 46, 91, 92
유법검학회 85
유서 14조 37
유홍열 91
육군강무학교 85
육군무관학교 19, 28~34, 46, 85, 187, 193
육군유년학교 33
윤기섭 125
윤치성 41, 42
윤치소 42, 54
윤치영 46
윤치호 46
윤해 90
을미개혁 18
을미사변 18
을미의병 18, 19, 21
을사늑약 29, 35, 36, 38, 50
을사오적 57, 86
음빙실문집 53
의열단 112, 113, 192
의열투쟁 112, 113
이갑 46
이광수 83
이남규 24
이동녕 119, 125, 127
이동춘 91, 92
이동휘 27, 31, 46, 90, 91, 119, 139
이범석 85
이봉우 90

이상설 91, 92
이상재 113
이순신전 123
이승만 27, 115, 118, 124~126, 128, 139, 140
이승훈 26, 27, 113
이시영 119, 127
이종호 90
이준 46
이춘일 91, 92
이탁 126
이토 히로부미 150
2·8독립선언 114
이화숙 119
인두리 82
인민청원안 140
일어학교 23
임시의정원 115, 117, 118, 124, 126, 140, 189

ㅈ

장덕수 114
장지에란 82
장지연 36
장징지앙 82, 123
장푸취엔 82
정미7조약 38
정신 29, 32, 45, 49, 52, 53, 56, 57, 72, 88
정안립 110
정운해 110~112
정원택 80, 83, 109~111, 117, 118, 191
정진홍 43

제1차 세계대전 88~91, 93, 95, 97, 100, 104, 108, 109, 173
조동식 54
조선독립군정사 112
조선역대사략 25
조선역사 25
조성환 32, 34, 59, 60, 62, 64, 71, 79, 80, 85, 147
조소앙 79, 80, 81, 85, 101, 104, 110~114, 147
조약반대운동 36
조완구 88, 120, 125, 143, 147, 190
조우루 82, 83
조철희 41
존화사관 168
종교통제안 57
종두법 18
좌진 46
중국동맹회 68, 75, 76, 82, 153, 188
중국약사편 25
중국혁명 61, 67~71, 76, 78, 81, 82, 131, 133, 135, 141, 148, 152~154, 157~160, 193
중국혁명당 61
중동야학교 54
중불은행 130
중한의방조약 94, 97~99
진단 120, 122~124, 164, 165, 173, 174, 189

채형묵 83
천궈푸 82, 83
천두슈 123
천치메이 68, 70~73, 75, 76, 81, 82, 154, 156, 188
철도부설권 21
청동학교 51
청산리대첩 130
청일전쟁 17, 23, 129
취잉광 82

크레인 108

타이이 154
탕사오이 82, 83, 123, 130
탕지야오 85, 86
태서신사 25
태평양외교후원회 127
태평양회의 126~130, 137, 140
톈진군수학교 86
통감정치 35
통언 164, 165

파리강화회의 108, 113, 189
포경권 21

199

ㅎ

한국혼 36, 41, 46, 49, 85, 123, 145, 147, 163, 164, 169, 172, 188, 189
한성사범학교 22
한성정부 118
한양공업전습소 22
한어야학 54
한어학교 22~27, 29, 54
허위 26
허정 85
혁명문학단체 159
협성회 125, 189
호법정부 101, 126, 132, 134, 136, 137, 139, 140, 142
호혜조약 5관 133
홍명희 79, 80, 85, 148
홍범식 55, 56, 152
환구중국학생회 77, 78, 84
황병길 90
황상규 110, 111
황성광업주식회사 41
황싱 68, 69, 75, 153, 157
황지에민 82
황커치앙 148, 157, 158
황현 30
후린 82
후베이강무당 86
후원웨이 24
후한민 82, 83, 123, 132, 133
흥학조서 50

시대를 앞서간 민족혁명의 선각자 신규식

1판 1쇄 인쇄 2010년 12월 20일
1판 2쇄 발행 2020년 8월 15일

글쓴이   강영심
기   획   독립기념관 한국독립운동사연구소
펴낸이   주혜숙
펴낸곳   역사공간
　　　　주소: 04000 서울특별시 마포구 동교로19길 52-7 PS빌딩 4층
　　　　전화: 02-725-8806
　　　　팩스: 02-725-8801
　　　　E-mail: jhs8807@hanmail.net
　　　　등록: 2003년 7월 22일 제6-510호

ISBN 978-89-90848-83-3 03900

• 잘못된 책은 바꿔 드립니다.

역사공간이 펴내는 '한국의 독립운동가들'

독립기념관은 독립운동사 대중화를 위해 향후 10년간 100명의 독립운동가를 선정하여,
그들의 삶과 자취를 조명하는 열전을 기획하고 있다.

001 근대화의 선각자 - 최광옥의 삶과 위대한 유산
002 대한제국군에서 한국광복군까지 - 황학수의 독립운동
003 대륙에 남긴 꿈 - 김원봉의 항일역정과 삶
004 중도의 길을 걸은 신민족주의자 - 안재홍의 생각과 삶
005 서간도 독립군의 개척자 - 이상룡의 독립정신
006 고종 황제의 마지막 특사 - 이준의 구국운동
007 민중과 함께 한 조선의 간디 - 조만식의 민족운동
008 봉오동·청산리 전투의 영웅 - 홍범도의 독립전쟁
009 유림 의병의 선도자 - 유인석
010 시베리아 한인민족운동의 대부 - 최재형
011 기독교 민족운동의 영원한 지도자 - 이승훈
012 자유를 위해 투쟁한 아나키스트 - 이회영
013 간도 민족독립운동의 지도자 - 김약연
014 대한민국 임시정부의 민족혁명가 - 윤기섭
015 서북을 호령한 여성독립운동가 - 조신성
016 독립운동 자금의 젖줄 - 안희제
017 3·1운동의 얼 - 유관순
018 대한민국임시정부의 안살림꾼 - 정정화
019 노구를 민족제단에 바친 의열투쟁가 - 강우규
020 미 대륙의 항일무장투쟁론자 - 박용만
021 영원한 대한민국임시정부의 요인 - 김철
022 혁신유림계의 독립운동을 주도한 선각자 - 김창숙
023 시대를 앞서간 민족혁명의 선각자 - 신규식
024 대한민국을 세운 독립운동가 - 이승만
025 한국광복군 총사령 - 지청천

026 독립협회를 창설한 개화·개혁의 선구자 - 서재필
027 만주 항일무장투쟁의 신화 - 김좌진
028 일왕을 겨눈 독립투사 - 이봉창
029 만주지역 통합운동의 주역 - 김동삼
030 소년운동을 민족운동으로 승화시킨 - 방정환
031 의열투쟁의 선구자 - 전명운
032 대종교와 대한민국임시정부 - 조완구
033 재미한인 독립운동의 표상 - 김호
034 천도교에서 민족지도자의 길을 간 - 손병희
035 계몽운동에서 무장투쟁까지의 선도자 - 양기탁
036 무궁화 사랑으로 삼천리를 수놓은 - 남궁억
037 대한 선비의 표상 - 최익현
038 희고 흰 저 천 길 물 속에 - 김도현
039 불멸의 민족혼 되살려 낸 역사가 - 박은식
040 독립과 민족해방의 철학사상가 - 김중건
041 실천적인 민족주의 역사가 - 장도빈
042 잊혀진 미주 한인사회의 대들보 - 이대위
043 독립군을 기르고 광복군을 조직한 군사전문가 - 조성환
044 우리말·우리역사 보급의 거목 - 이윤재
045 의열단·민족혁명당·조선의용대의 영혼 - 윤세주
046 한국의 독립운동을 도운 영국 언론인 - 배설
047 자유의 불꽃을 목숨으로 피운 - 윤봉길
048 한국 항일여성운동계의 대모 - 김마리아
049 극일에서 분단을 넘은 박애주의자 - 박열
050 영원한 자유인을 추구한 민족해방운동가 - 신채호

051 독립전쟁론의 선구자 광복회 총사령 - 박상진
052 민족의 독립과 통합에 바친 삶 - 김규식
053 '조선심'을 주창한 민족사학자 - 문일평
054 겨레의 시민사회운동가 - 이상재
055 한글에 빛을 밝힌 어문민족주의자 - 주시경
056 대한제국의 마지막 숨결 - 민영환
057 좌우의 벽을 뛰어넘은 독립운동가 - 신익희
058 임시정부와 흥사단을 이끈 독립운동계의 재상 - 차리석
059 대한민국임시정부의 초대 국무총리 - 이동휘
060 청렴결백한 대한민국 임시정부의 지킴이 - 이시영
061 자유독립을 위한 밀알 - 신석구
062 전인적인 독립운동가 - 한용운
063 만주 지역 민족통합을 이끈 지도자 - 정이형
064 민족과 국가를 위해 살다 간 지도자 - 김구
065 대한민국임시정부의 이론가 - 조소앙
066 타이완 항일 의열투쟁의 선봉 - 조명하
067 대륙에 용맹을 떨친 명장 - 김홍일
068 의열투쟁에 헌신한 독립운동가 - 나창헌
069 한국인보다 한국을 더 사랑한 미국인 - 헐버트
070 3·1운동과 임시정부 수립의 숨은 주역 - 현순
071 대한독립을 위해 하늘을 날았던 한국 최초의 여류비행사 - 권기옥
072 대한민국임시정부의 정신적 지주 - 이동녕
073 독립의군부의 지도자 - 임병찬
074 만주 무장투쟁의 맹장 - 김승학
075 독립전쟁에 일생을 바친 군인 - 김학규

076 시대를 뛰어넘은 평민 의병장 - 신돌석
077 남만주 최후의 독립군 사령관 - 양세봉
078 신대한 건설의 비전, 무실역행의 독립운동가 - 송종익
079 한국 독립운동의 혁명 영수 - 안창호
080 광야에 선 민족시인 - 이육사
081 살신성인의 길을 간 의열투쟁가 - 김지섭
082 새로운 하나된 한국을 꿈꾼 - 유일한
083 투탄과 자결, 의열투쟁의 화신 - 나석주
084 의열투쟁의 이론을 정립하고 실천한 - 류자명
085 신학문과 독립운동의 선구자 - 이상설
086 민중에게 다가간 독립운동가 - 이종일
087 의병전쟁의 선봉장 - 이강년
088 독립과 통일 의지로 일관한 신뢰의 지도자 - 여운형
089 항일변호사의 선봉 - 김병로
090 세대·이념·종교를 아우른 민중의 지도자 - 권동진
091 경술국치에 항거한 순국지사 - 황현
092 통일국가 수립을 위해 분투한 독립운동가 - 김순애
093 불법으로 나라를 구하고자 한 불교인 - 김법린
094 독립공군 육성에 헌신한 대한민국임시정부 군무 총장 - 노백린
095 불교계 독립운동의 지도자 - 백용성
096 재미한인 독립운동을 이끈 항일 언론인 - 백일규
097 재중국 한국인 아나키스트운동의 실천적 지도자 - 류기석
098 대한민국임시정부의 후원자 - 장제스
099 우리 말글을 목숨처럼 지킨 - 최현배